Para depois que eu partir

Copyright © 2016 by the estate of Heather McManamy
Internal design © 2016 by Sourcebooks, Inc.
© 2017 by Universo dos Livros
Todos os direitos reservados e protegidos pela Lei 9.610 de 19/02/1998.
Nenhuma parte deste livro, sem autorização prévia por escrito da editora,
poderá ser reproduzida ou transmitida sejam quais forem os meios empregados:
eletrônicos, mecânicos, fotográficos, gravação ou quaisquer outros.

Este livro não visa substituir as orientações médicas de um profissional qualificado.
O objetivo do livro é prover informações gerais e precisas sobre o assunto aqui
tratado. Caso sejam necessárias orientações de um médico ou de outro profissional,
é adequado procurar a ajuda de um profissional da área da saúde.

Diretor editorial: **Luis Matos**
Editora-chefe: **Marcia Batista**
Assistentes editoriais: **Aline Graça e Letícia Nakamura**
Tradução: **Jacqueline Valpassos**
Preparação: **Giacomo Leone Neto**
Revisão: **Monique D'Orazio e Geisa Oliveira**
Arte: **Aline Maria, Francine C. Silva e Valdinei Gomes**
Adaptação de projeto gráfico: **Francine C. Silva**
Diagramação: **Vanúcia Santos (AS Edições)**

Dados Internacionais de Catalogação na Publicação (CIP)
Angélica Ilacqua CRB-8/7057

M146p

    McManamy, Heather

       Para depois que eu partir : a emocionante história real de uma mãe com
câncer terminal e as mensagens que deixou para a filha que não verá crescer /
Heather McManamy, William Croyle; tradução de Jacqueline Valpassos.

      – São Paulo: Universo dos Livros, 2018.

      192 p. :il

      ISBN: 978-85-503-0098-6

      Título original: *Cards for Brianna*

    1. Câncer – Pacientes – Narrativas pessoais 2. Mães e filhas - Narrativas pessoais
3. McManamy, Heather – Biografia I. Título II. Croyle, William III. Valpassos,
Jaqueline

17-0822   CDD 926.1699449

Heather McManamy
& William Croyle

Para depois que eu partir

A emocionante história real de uma mãe com câncer terminal
e as mensagens que deixou para a filha que não verá crescer

São Paulo
2018

Grupo Editorial
UNIVERSO DOS LIVROS

Copyright © 2016 by the estate of Heather McManamy
Internal design © 2016 by Sourcebooks, Inc.
© 2017 by Universo dos Livros
Todos os direitos reservados e protegidos pela Lei 9.610 de 19/02/1998.
Nenhuma parte deste livro, sem autorização prévia por escrito da editora,
poderá ser reproduzida ou transmitida sejam quais forem os meios empregados:
eletrônicos, mecânicos, fotográficos, gravação ou quaisquer outros.

Este livro não visa substituir as orientações médicas de um profissional qualificado.
O objetivo do livro é prover informações gerais e precisas sobre o assunto aqui
tratado. Caso sejam necessárias orientações de um médico ou de outro profissional,
é adequado procurar a ajuda de um profissional da área da saúde.

Diretor editorial: **Luis Matos**
Editora-chefe: **Marcia Batista**
Assistentes editoriais: **Aline Graça e Letícia Nakamura**
Tradução: **Jacqueline Valpassos**
Preparação: **Giacomo Leone Neto**
Revisão: **Monique D'Orazio e Geisa Oliveira**
Arte: **Aline Maria, Francine C. Silva e Valdinei Gomes**
Adaptação de projeto gráfico: **Francine C. Silva**
Diagramação: **Vanúcia Santos (AS Edições)**

Dados Internacionais de Catalogação na Publicação (CIP)
Angélica Ilacqua CRB-8/7057

M146p

    McManamy, Heather

    Para depois que eu partir : a emocionante história real de uma mãe com
câncer terminal e as mensagens que deixou para a filha que não verá crescer /
Heather McManamy, William Croyle; tradução de Jacqueline Valpassos.

    – São Paulo: Universo dos Livros, 2017.

    192 p. :il

    ISBN: 978-85-503-0098-6

    Título original: *Cards for Brianna*

1. Câncer – Pacientes – Narrativas pessoais 2. Mães e filhas - Narrativas pessoais
3. McManamy, Heather – Biografia I. Título II. Croyle, William III. Valpassos,
Jaqueline

17-0822   CDD 926.1699449

*Jeff e Brianna, eu amo vocês do fundo
do meu coração para todo o sempre.
Cada aconchego, cada momento de diversão
e cada segundo com vocês
me fizeram extremamente feliz.
Estarei sorrindo e transmitindo todos os dias
o meu amor a vocês. Continuem rindo
e fazendo cada dia valer a pena.*

· *Sumário* ·

Introdução 9
Para a aposentadoria de Brianna 16
Quando Brianna conseguir sua carteira de
habilitação para motorista 22
Quando Brianna estiver tendo um dia difícil 28
Um cartão de melhoras para quando Brianna
estiver doente 34
O primeiro dia de Brianna na escola 41
Um cartão para "meter bronca" durante os
tempos difíceis 49
Encorajamento na vida adulta 60
Um cartão de "Você é capaz" 68
Aniversário de 13 anos de Brianna 78
Para o término de um relacionamento ou
simplesmente um dia ruim 87
A morte de um animalzinho de estimação 97
Aniversário de 16 anos de Brianna 104
Aniversário de 21 anos de Brianna 113

Chá de panela de Brianna.................................... **120**

O primeiro drinque de Brianna com o pai............. **126**

Casamento de Brianna **137**

Aniversário de 18 anos de Brianna........................ **146**

Quando Brianna começar o Ensino Médio............ **155**

Um cartão de esperança... **171**

Formatura de Brianna **181**

Adendos

Agradecimentos.. **182**

Recursos... **185**

Sobre os autores.. **187**

Introdução

Eu amava a minha vida. Ela era perfeita. Eu era a esposa de 33 anos de um marido maravilhoso e mãe da garotinha mais linda do mundo. Tinha um trabalho que eu simplesmente adorava. Tínhamos uma casa modesta e confortável. É sério: para uma garota proveniente da velha classe operária de West Allis – "Stallis", como o chamávamos –, um subúrbio de Milwaukee, Wisconsin, era uma coisa e tanto. Eu estava vivendo um sonho.

Então, certa noite, uma bomba explodiu: eu estava deitada na cama e senti um caroço no meu peito.

– Caramba, o que é isso?! – exclamei para Jeff, enquanto erguia a cabeça sobressaltada. Nenhum de nós jamais notara aquilo. Há quanto tempo estava lá? Passei o resto da noite pesquisando "caroço no seio" no Google, tentando encontrar qualquer link que não contivesse a palavra "câncer".

Fui ao médico no dia seguinte; e aí as coisas começaram a dar errado. Fui diagnosticada com câncer de mama em estágio II. Menos de quatro semanas depois, fui submetida a uma mastectomia dupla. Depois disso, fiz quimioterapia por mais de um ano, mas não funcionou. O câncer havia se espalhado para os meus ossos e para o fígado. Fui diagnosticada como terminal de estágio IV, e me deram dois anos de vida, no máximo.

Catorze meses depois do diagnóstico como terminal, disseram-me que a droga quimioterápica que eu vinha recebendo nos últimos quatro meses para estender a minha vida o máximo possível havia sido enganada pelo câncer. Isso me fez dar um salto gigante, como catapulta, para mais perto da minha inevitável morte. Não foi nenhuma surpresa. Era a minha nona quimioterapia diferente, e, quanto mais elas falham, menos provável é que as próximas deem certo. As células cancerosas acabam sofrendo mutação e descobrem uma maneira de sobreviver. Então essas células "inteligentes" alastram-se pelo seu corpo com rapidez de um velocista campeão mundial dos 100 metros rasos. Você torce por ter um câncer burro, que leve um longo tempo para determinar como vencer a quimioterapia. Mas meu câncer tem provado ser muito, muito inteligente.

Quando meu oncologista me revelou que eu era terminal, preveniu-me sem rodeios sobre o que me aguardava.

"Será como um passeio infernal de montanha-russa", disse ele. "Você vai receber uma notícia ruim atrás da outra. E precisa se segurar firme pelo máximo de tempo que conseguir", concluiu.

Eu ainda estou me segurando firme, embora, às vezes, nas descidas mais íngremes, solte as mãos corajosamente e as erga no ar... só porque a vida é mais legal desse jeito.

Cheguei à conclusão de que, nesse vertiginoso passeio de montanha-russa que já perdura quase três anos, o que mais me impressionou é que não importa quantas bombas o câncer tenha lançado em mim durante o seu impiedoso ataque, o mundo continua a girar e a girar...

Notei isso instantaneamente, quando parti de ter uma vida "normal" para receber o diagnóstico e passar por uma mastectomia dupla em menos de um mês. Eu estava arrasada e em cacos, mas tudo e todos à minha volta continuavam a avançar. Ainda havia os prazos a cumprir no trabalho. As contas ainda deviam ser pagas. A roupa suja ainda precisava ser lavada. Os meus seriados favoritos continuavam a produzir novos episódios. Minha filha, Brianna, e meu marido, Jeff, ainda precisavam de mim. E assim, sendo a pessoa teimosa que sou, decidi que, se eu tivesse a chance de assumir o controle sobre *qualquer coisa que fosse*, eu iria agarrá-lo.

Fazia das tripas coração e me forçava a levantar a bunda da cama quando Bri chamava por mim no meio da noite, mesmo quando eu estava passando muito mal pelos efeitos devastadores da quimioterapia. Segurei a onda e organizei a festinha de aniversário de Bri, planejada havia muito tempo, e que aconteceu apenas alguns dias antes da minha cirurgia. Teve o tema *Yo Gabba Gabba* e foi realizada em nossa casa, com toda a galerinha de bagunceiros de 2 anos do Estado de Wisconsin. Enquanto a alegre algazarra das crianças movidas a açúcar estremecia as paredes da nossa casa, uma imensa parte de mim queria se esconder no canto, apavorada, sem saber se aquele seria o último aniversário de Bri que eu comemoraria com ela – mas eu não podia. Acho que Christopher Robin quis dizer isso quando falou de forma tão eloquente para o Ursinho Pooh: "Prometa-me que vai sempre lembrar: você é mais corajoso do que crê, mais forte do que parece, e mais inteligente do que você pensa". Mesmo que a vida possa ser dolorosamente injusta, às vezes você tem a capacidade de lutar contra a adversidade e recuperar um pouco de controle. E, naqueles momentos em que eu fisicamente não podia assumir o controle de coisa alguma, aprendi a me perdoar e a ignorar essa voz crítica e desagradável na minha cabeça.

Ser confrontada com a sua própria mortalidade é difícil. Muito difícil. Mas, ao aceitar a aleatoriedade da vida e a possibilidade de que qualquer um possa ser comido por um urso amanhã, ganha-se a apreciação das coisas mais ínfimas, que a maioria das pessoas toma por garantidas.

Eu nunca pensei em mim como o tipo de pessoa capaz de levantar cedo só para assistir ao nascer do sol. Por mais brega e clichê que isso possa parecer, é triste pensar que, sem o câncer, eu nunca teria tido tempo para mergulhar em algo tão cativante. Nem sei dizer quantas vezes agora me encolho agastada ao presenciar pessoas explodirem de raiva só porque a fila no supermercado está muito lenta, a luz vermelha de um semáforo está demorando muito para mudar para o verde, ou o seu smartphone não está funcionando. Se elas soubessem o quão rápido aquela mãe careca que as observa estaria disposta a trocar de queixas com elas... Nem sempre presumo que estou numa situação pior do que a delas, mas, puxa!, como eu tenho vontade de dar alguns choques de realidade, às vezes.

Outra lição que aprendi durante esse meu passeio de montanha-russa, e que tenho compartilhado várias vezes com Bri, foi a de como é importante sermos bons e tolerantes para com os outros. Basta ser gentil e paciente. É tão simples, e, mesmo assim, muitas pessoas não o fazem. Estou espantada pela forma como o comportamento das pessoas se transforma completamente quando elas descobrem que estou morrendo.

Por que não podiam me tratar com a mesma consideração antes de saberem? Todo mundo tem seu próprio quinhão de infortúnios na vida – doenças, dificuldades financeiras, doenças crônicas, coisas horríveis que lhes acontecem –, seja isso óbvio para o mundo, seja não tão óbvio assim. Todos nós temos uma história, a qual pode ter começado muitos capítulos atrás, e está longe de ser concluída. Ser gentil com os outros sem julgar garante que você não diga algo que o faça se arrepender depois e, o mais importante, você pode alegrar o dia de alguém.

Gostaria de dizer, porém, que, para tantos comentários ignorantes e sem noção que recebi, como os de caixas de lojas sobre a foto na minha carteira de motorista não corresponder à mulher sem cabelo em pé diante deles ("Parece que você resolveu adotar um novo look!"), também tive pessoas que reconheceram ou perguntaram sinceramente sobre a minha situação e relataram que um amigo estava passando por químio, ou que um membro da família fora diagnosticado com câncer. E sabe de uma coisa? Elas só querem conversar. Querem saber como podem ajudar essa pessoa com quem elas se preocupam. Querem saber como dizer e fazer as coisas certas. Ser genuinamente franca sobre a minha situação resultou em inúmeras pessoas abrindo seus corações para mim, incluindo gente de todo o mundo, o que é muito bonito. Quando postei no Facebook que havia comprado e preenchido cartões de felicitações para Bri, que cobririam toda a sua vida, era para que só meus amigos e familiares curtissem. Achei que era algo legal dentro do meu próprio mundo. Nunca imaginei que alguém na mídia iria ler, ou mesmo se importar com isso. Então, quando um amigo me disse para buscar no Google por "mãe morrendo" e encontrei a minha história em destaque em grandes publicações do mundo inteiro, muitas em línguas que eu não entendia, soube que tinha mais um propósito a servir.

Para depois que eu partir é minha criação final, escrito do fundo do meu coração durante as últimas semanas da minha vida, como um presente para Bri, Jeff, amigos, família... e você. Não sei exatamente quanto tempo ainda me resta, mas faz quase dezoito meses que me foi dada a estimativa de dois anos. Hoje, meu debilitado corpo está me dizendo que foi uma previsão bastante precisa, e que o meu tempo está quase esgotado.

Sim, isso é uma droga, de muitas maneiras diferentes. Mas, sabe de uma coisa? Está tudo bem. De verdade.

Por mais que eu odeie o câncer com cada célula do meu corpo que ele ainda não matou, a doença tem me ensinado o valor da vida, do riso e de amar cada segundo que eu ainda tenho, antes que este passeio de montanha-russa acabe por completo. Espero que *Para depois que eu partir* reflita essa filosofia e seja tão emocionante e intenso de ler quanto para mim foi escrevê-lo. Espero também, uma vez que o seu mundo continua a girar, que este livro o faça celebrar com um sorriso todas as bênçãos e coisas boas que você tem em sua vida, que o ajude a demonstrar empatia com aqueles que poderiam se beneficiar de um pouco de empatia, e que o ensine a viver – quero dizer, viver *de verdade* – cada dia que lhe restar.

• *aposentadoria* •

"Eu me aposentei porque o câncer me forçou a fazer isso. Espero que você se aposente sob circunstâncias melhores. Aproveite pra caramba a vida. Busque a sua felicidade, aprecie cada dia, e ria de todos os trouxas que ainda têm de ir trabalhar. E eu espero que seus colegas de trabalho lhe deem uma ótima festa."

– Para a aposentadoria de Brianna, daqui a (vamos torcer!) 50 ou 60 anos.

Na minha festa de aposentadoria, cerca de um mês depois de descobrir que meus dias estavam contados, fiz o que qualquer mãe moribunda, deprimida e recentemente desempregada, faria: pulei em cima de um feroz touro mecânico chamado Red Rock, e o montei por mais tempo do que qualquer outra pessoa no bar conseguiu. Uma semana mais tarde, fui ao hospital para uma tomografia óssea, e a minha coluna se mostrou iluminada por causa do câncer. Ele provavelmente já estava lá havia um tempo, mas exames anteriores não o tinham detectado.

— Então... montar um touro na semana passada não foi uma boa ideia? — brinquei com o médico depois que ele me deu os resultados da tomografia.

— Você fez *o quê?* — respondeu ele, incrédulo.

Desculpe, mas eu não li nada nos manuais que proibisse montar em touros.

Aparentemente, bancar a *cowgirl* em cima de um touro bravo não é aprovado pelos médicos quando a sua coluna está preenchida com tumores, porque isso expõe você a um risco muito alto de sofrer fraturas, paralisia ou algo do gênero. Observe também que tentar convencer o seu médico de que o lance todo nem foi tão sério assim, uma vez que você caiu do touro mecânico em "câmera lenta e de forma graciosa, provocando uma ruidosa salva de palmas", não vai funcionar.

Mas, em vez de dizer para mim mesma "Graças a Deus que eu não acabei paralisada!", eu disse: "Graças a Deus que eu montei o touro quando tive a chance!". Às vezes, a ignorância é realmente uma bem-aventurança. Se eu tivesse feito a tomografia antes da minha festa de aposentadoria e soubesse que corria um alto risco de paralisia por causa do câncer em minha coluna, eu (provavelmente) não teria montado o Red Rock. Sim, há coisas que você não deve fazer em certas situações para o bem da sua saúde, mas também não pode viver sua vida em uma bolha de plástico e se preocupar com todas as coisas possíveis que podem dar errado. Faça o que puder fazer quando e enquanto puder fazê-lo.

Cerca de um mês depois de ter sido diagnosticada como terminal, eu me aposentei com a tenra idade de 34 anos, como especialista em pesquisa da Escola de Medicina e Saúde Pública da Universidade de Wisconsin. No meu trabalho, eu criava bases de dados e processos de entrada de dados e desenvolvia *loops* de *feedback* e sistemas para os programas enviarem os seus dados e... Eu vou parar de torturar você aí. Vamos apenas chamar a coisa toda de gerenciamento de dados. Eu amava! Era encarregada de encontrar maneiras de apresentar dados como uma história, o que satisfazia tanto o lado organizacional quanto o lado criativo do meu cérebro. Mas, quando vários médicos carimbam um prazo de validade na sua vida, você acorda para a realidade de que existem coisas que você ama muito mais para além das paredes monótonas de sua baia no escritório. (A propósito, recentemente fiquei sabendo por fontes anônimas que meu velho cubículo foi desmantelado e substituído por uma estação de impressão de última geração. Aviso aos meus ex-colegas de trabalho: tenho o firme propósito de assombrar essa impressora depois que eu partir.)

A maior parte do meu tempo de aposentada tem sido passada com pessoas na faixa dos setenta anos para cima, e é por isso que eu sempre menciono que as pessoas de idade são a *minha* turma. Se eu paro em algum lugar para tomar um café da manhã depois de deixar Bri na escola, lá estão os velhinhos tomando o seu desjejum. Se eu vou para o consultório do oncologista para uma consulta, estou cercada por pessoas de idade na sala de espera. Quando ouço essas pessoas reclamando sobre algo, é normalmente sobre as suas dores, mal-estares, o Seguro Social – queixas que espelham as minhas. Mas aprendi que nós, os aposentados, e, aliás, todas as pessoas, temos muito pouco a reclamar, se usarmos sabiamente o tempo limitado que temos neste mundo para viver de verdade.

Residi nos arredores de Madison por quase duas décadas e trabalhei na cidade por seis anos, mas, só quando me aposentei, dei-me conta de que nunca tive tempo de visitar o interior do Capitólio, uma obra de arte espetacular, já do lado de fora. Pense sobre os lugares ou locais perto de sua casa que você nunca parou para apreciar, nunca foi visitar; alguns pelos quais você pode passar todos os dias a caminho do trabalho ou quando leva seus filhos para a décima atividade extracurricular da tarde. Como a sua perspectiva dessas coisas mudaria, se você soubesse com certeza que estaria morto em breve? Experimentar é viver. Como Ferris Bueller declarou com muita profundidade: "A vida passa muito rápido. Se você não parar e olhar em volta de vez em quando, corre o risco de perdê-la".

Segui esse conselho e, finalmente, visitei o Capitólio, dedicando três horas completas para explorar todas as fendas no interior do edifício. Um dos pontos altos é a rotunda. Enquanto a maioria das pessoas inclina a cabeça noventa graus e estica o pescoço para conseguir dar uma rápida olhadela na deslumbrante cúpula a mais de oitenta metros de altura, fui direto para o centro do recinto, deitei-me no chão de mármore frio, respirei fundo infinitas vezes e absorvi toda aquela beleza. Ouvi algumas pessoas passarem por mim e resmungarem sobre o que eu estava fazendo, provavelmente, até se perguntando se era louca ou drogada. Ironicamente, foi um dos raros momentos em que eu não estava tomando nenhuma medicação prescrita pelo médico que pudesse ter afetado meu comportamento. Como teria sido gratificante se, em vez de questionar o que eu estava fazendo, essas pessoas tivessem seguido a minha curiosidade infantil, juntando-se a mim no chão! Eu estava "alta", sim, mas somente pelo enlevo ocasionado pela beleza em meu entorno. Foi um momento singelo, mas extremamente espetacular.

Levei dezesseis anos para deixar de ignorar aquele prédio e descobrir e apreciar o que ele tinha a nos oferecer. Não há desculpa para isso. Ninguém deveria levar tanto tempo para experimentar uma coisa tão bela e acessível. Infelizmente, foi preciso um câncer, que está me matando, para perceber isso.

• *sobre dirigir* •

"*Você estava com 3 aninhos quando começou a nos dizer que tinha vontade de dirigir. E agora finalmente conseguiu. Mas isso vai ser assustador para o seu pai; então, pega leve com ele.*"

— Quando Brianna conseguir sua carteira de habilitação para motorista.

Antes de Brianna nascer, Jeff nunca tinha segurado um bebê, e ele nem ao menos sabia o que dizer para crianças pequenas ou até para as mais velhas. Ele teria interagido melhor com alienígenas. Por isso, quando eu disse que estava grávida, ele *surtou*! Levou alguns dias para digerir a notícia e conversar sobre isso comigo. E, então, quando descobrimos que ia ser uma menina...

— Vamos ter de colocar um cadeado na porta do porão. Tem um bar lá embaixo – disse ele, com grande preocupação. – E ela não vai ficar assistindo a filmes lá com os meninos. De jeito nenhum.

— Espere... o quê!? – respondi, perplexa. – Você percebe que ela ainda é um feto, certo?

Mas que diferença pode fazer o fato de você segurar seu filho pela primeira vez... Jeff tinha um talento natural para a paternidade, e ser capaz de testemunhar a relação que se desenvolveu entre ele e Bri ao longo dos últimos quatro anos e pouco foi, de fato, algo especial para mim.

Ele ensina a ela tudo sobre futebol americano. Eles penduram a nossa bandeira do Wisconsin Badgers na frente de casa, todos os sábados, antes dos jogos de futebol americano da Universidade de Wisconsin. Eles fazem as compras de supermercado juntos. Antes do câncer, eu fazia a maioria das coisas com Bri que precisavam ser feitas, como dar banhos e levá-la pronta para a cama. Mas, depois da minha mastectomia, Jeff teve de ir além das aulas teóricas sobre futebol americano com ela. Ele passou de "reserva", que só entrava em campo se necessário, para se tornar o titular; o principal cuidador. Ele tem um instinto incrível do que é ser um bom pai. Um tempo atrás, eu imaginava que teria de escrever um guia de instruções passo a passo para ele sobre como criar Bri quando eu partisse, mas não. Ele mesmo poderia escrever o livro, se quisesse.

A primeira vez que ele a levou à pré-escola, entregou à professora um elástico para prender o cabelo de Bri num rabo de cavalo.

– Tome – disse, exasperado. – Não tenho ideia de como fazer isso.

Mas agora ele está dominando até mesmo os detalhes mais complexos. Ele não apenas sabe como prender o cabelo dela num rabo de cavalo, como também aprendeu a trançá-lo, e orgulha-se muito disso. Eu tive um monte de amigas com câncer em estágio IV que não tiveram o mesmo nível de consolo em seus parceiros que eu tenho no meu. Eu sei como sou sortuda em saber que Bri sempre vai estar em boas mãos.

Isso não quer dizer que Jeff não terá desafios, especialmente quando Bri atingir a adolescência. Sei que ele vai morrer de preocupação quando ela tirar a carteira de motorista. Mesmo hoje, não sei por que razão, Bri sempre parece eleger Jeff para responder às perguntas desconfortáveis, tipo "De onde vêm os bebês?". Para mim, é divertido ver como ele gagueja, balbucia e luta para sair-se com algo coerente que alguém com 4 anos possa entender, antes de eu vir em seu socorro. Então, o que vai acontecer quando eu partir? Não prevejo que as perguntas complexas de Bri ou as respostas desconexas de Jeff vão se alterar quando ela atingir a puberdade. Foi por isso que fiz algumas gravações de áudio para ela, para quando chegar a hora de ter "aquela conversa" ou quando ela tiver seu primeiro período menstrual. Tudo o que Bri terá de fazer é apertar um botão para ouvir sua mãe falando diretamente com ela sobre essas questões. Pode parecer um método de criação peculiar, mas acredito que há algumas coisas para as quais uma menina precisa de sua mãe. Se, por algum milagre, Jeff estiver perfeitamente à vontade em lidar sozinho com todo esse papo difícil de garotas, mais palmas para ele. Jeff e Bri são bem-vindos a confraternizar um pouco mais depois de suas conversas tirando sarro das minhas gravações. Eu estarei lá com os dois em espírito, rindo junto a eles.

Eu sei que há sempre a chance de Jeff se casar novamente e de Bri vir a ter uma madrasta amorosa para ajudar com situações que exigem um toque feminino. Jeff e eu tivemos muitas conversas sobre isso, e eu realmente espero que ele encontre alguém que seja ótima para ele e uma mãe dedicada a Bri. Claro, eu não vou estar aqui para ver, o que talvez explique em parte por que eu me sinta à vontade com a ideia. Desejo realmente que Jeff seja feliz. Ele sabe disso.

Se há qualquer preocupação que eu tenha em deixar o Jeff, é pelo sofrimento que sei que ele vai sentir quando eu partir. Desde o dia em que nos conhecemos, mais de catorze anos atrás, posso contar nos dedos da mão quantas vezes nos separamos fisicamente. Sempre estivemos juntos, porque é assim que sempre quisermos estar; realmente somos melhores amigos. Presumimos, quando nos casamos, que era o começo de algo mágico que iria durar décadas. É muito angustiante para nós dois saber que nossa vida juntos vai ser abreviada, que não vamos envelhecer lado a lado.

Eu sei que pode soar como uma forma maluca de ver as coisas, mas a nossa relação tem sido absolutamente perfeita, e eu sinto que, em um mundo onde nada é perfeito e o ruim sempre parece interromper o bom em algum ponto, faz sentido que eu esteja morrendo. Esperar que uma relação entre duas pessoas seja tão maravilhosa desde o início *e* dure até a velhice – acho que seria bom demais para ser verdade.

Espero que a minha ótica se prove errada depois que eu me for e que Jeff e Bri possam continuar a relação muito especial entre pai e filha que tiveram até agora por muito mais tempo do que Jeff e eu tivemos. A segunda melhor coisa de que eu gostaria, afora continuar aqui com eles, seria os dois carregarem um pedacinho de mim para sempre em seu coração e em sua mente.

• dia difícil •

"Seu pai e eu sempre encontramos formas de rir, até mesmo nos piores dias possíveis. Há muitas coisas em relação a lidar com o câncer que são pra lá de ridículas... Se eu não risse bastante, teria enlouquecido. Acredite em mim quando digo que, mesmo que não esteja no clima para rir agora, você o fará novamente algum dia em breve. Viva, ria, ame. Jamais queira protelar esse astral."

— Quando Brianna estiver tendo um dia difícil.

Tenho várias amigas com câncer em estágio IV e, às vezes, nós entramos num clima de YOLO. Eu sei, estamos veeelhas demais para usarmos essa sigla, mas acho que você pode considerar isso um reflexo da minha atitude YOLO. Y.O.L.O. significa "You Only Live Once".[1] O Urban Dictionary define YOLO como "desculpa do idiota por algo estúpido que ele fez". Provavelmente, seja verdade em muitos casos. Mas eu diria que, quando você tem uma doença terminal, ter uma atitude YOLO não só não é estúpido (ou coisa que só um idiota faria), como também é uma forma de rir em face daquela coisa que cada um de nós irá experimentar, mas que muitas vezes tem dificuldade de encontrar algum humor: a morte.

---
[1] Em inglês, "só se vive uma vez". (N. E.)

Um dia, fui para uma das minhas consultas médicas do tipo "sinto muito, Heather, mas você ainda está morrendo". Depois de receber as habituais notícias ruins, para as quais eu havia me tornado insensível, sorri e perguntei ao meu oncologista o que qualquer paciente na minha posição perguntaria:

– Posso fazer mais tatuagens?

Ali estava aquele bom homem tentando encontrar uma maneira delicada de me dizer que eu estava um passo mais perto de ser transformada em cinzas e despejada em uma urna, e eu pensando que um buquê de lindas flores cor-de-rosa no meu ombro direito ficaria muito legal. Ele está pensando: *Pobre Heather*. E eu: YOLO!

Depois que eu o convenci de que fazer mais tatuagens era uma boa ideia, pensei: *Por que fazer uma tatuagem no meu ombro? Por que não estampar uma bem na minha cara? Ou na minha careca reluzente? Não terei que me preocupar em envelhecer com ela ou me preocupar com uma entrevista de emprego.* Só não fui adiante com isso porque não quis aterrorizar Bri. Mas essa é a liberdade que o câncer tem me dado: poder rir e descobrir um lado bom em cada situação. Quando divulgaram os resultados de um estudo no ano passado, concluindo que o bacon causa câncer, meu primeiro pensamento foi: *Sim! Posso comer a quantidade de bacon que eu quiser!* Depois de um dos meus inúmeros tratamentos de quimioterapia, Jeff brincou comigo, dizendo que eu teria uma vantagem sobre todos os outros no caso de um apocalipse zumbi. Ele estava confiante de que, com todos os produtos químicos que foram bombeados em meu corpo – acho que faltam apenas umas três letras para eu completar o alfabeto de drogas contra o câncer (A = Adriamicina, B = Bário – suspensão de sulfato de bário, C = Carboplatina…) –, provavelmente, eu sobreviveria a um armagedom nuclear.

A atriz Audrey Hepburn disse certa vez: "Eu amo as pessoas que me fazem rir. Sinceramente, acho que rir é a coisa de que eu mais gosto. O riso cura uma infinidade de males. É provavelmente a coisa mais importante em uma pessoa".

O riso não vai curar meu câncer, mas certamente torna um bocado mais fácil enfrentar cada dia.

Pouco antes da minha mastectomia, encontrei-me com um cirurgião plástico. Como todos os meus médicos e enfermeiros desde o primeiro dia, ele me tratou como uma rainha. Ele era um cara baixinho, que mal chegava à altura de meus ombros. Tinha a cabeça raspada, grandes olhos azuis e um sotaque que não consegui identificar, mas gostava de ouvir. Muitas vezes, ao nos despedirmos, ele colocava a palma da mão em minha bochecha e dizia: "Boa sorte, Heather. Boa sorte".

Durante a nossa primeira consulta, ele estava explicando para mim e Jeff o que eu estava prestes a passar. Ele compartilhou uma história comovente sobre sua esposa ter enfrentado a mesma coisa – a dupla mastectomia seguida de implantes mamários. O médico disse que não havia absolutamente nenhuma maneira de me preparar emocionalmente para o que eu iria ver e sentir quando acordasse da cirurgia de mastectomia. As emoções, disse ele, são diferentes para cada mulher. É uma cirurgia muito pessoal, diferente de qualquer outra.

Ele foi muito paciente e bondoso quando falou. O profissional ouviu atentamente e respondeu a todas as minhas perguntas e preocupações. Foi uma conversa apaixonada porque o assunto era muito intenso, mas ele foi muito amável e sensível durante todo o tempo. Havia lágrimas em meus olhos enquanto conversávamos. Jeff segurava firmemente a minha mão, confortando-me a cada segundo. Foi um dos muitos momentos de profunda carga emocional pelos quais passaria ao longo deste passeio. E então...

O médico arremessou o seio falso.

Inclinando-se para a frente, com os cotovelos sobre os joelhos e o seio falso em uma das mãos, o médico suavemente arremessou-o no ar para a outra mão, enquanto ele continuava a falar com a gente em um tom sério. Então, ele o lançou de volta à mão original. E para a outra, novamente. Como se fosse uma bola de malabarismo. Se lhe dessem mais dois peitos falsos e uma maquiagem de palhaço, poderia ter sido um número circense. Eu estava chorando depois da conversa pesada que tínhamos tido. Jeff estava tentando conter suas lágrimas. O médico estava falando gentilmente sobre a experiência traumática que eu estava prestes a atravessar, sem nunca perder o contato visual com a gente. Mas, agora, de repente, tudo que eu conseguia pensar era: *Pelo amor de Deus! Pare de brincar com o peito!*

Ele continuou a lançá-lo e a apertá-lo a cada captura, como uma bolinha de estresse. Eu ainda estava chorando, mas, agora, chorava principalmente de vontade de rir. Eu sei que ele não estava fazendo isso intencionalmente, mas teria sido bom se estivesse. Isso, com certeza, aliviou meu estado de ânimo. Sei que deixei seu consultório me sentindo melhor do que se ele não tivesse feito o malabarismo. Foi um dos primeiros dentre centenas de exemplos desde o meu diagnóstico de como, mesmo durante os momentos mais angustiantes e graves, ainda há muita coisa da qual você pode rir.

No alfabeto de drogas contra o câncer, costumava ser "R = Relaxante muscular" por causa do Lorazepam, a medicação antienjoos que tenho tomado após a quimioterapia, mas eu mudei para "R = Risos". Não há, realmente, nenhum remédio melhor do que esse.

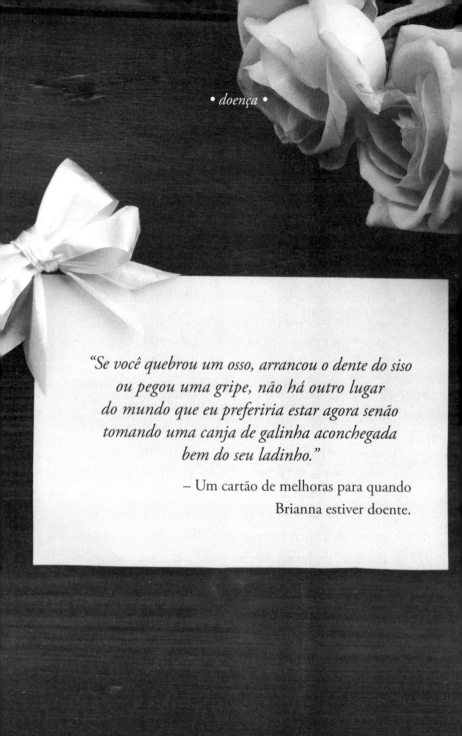

doença

"Se você quebrou um osso, arrancou o dente do siso ou pegou uma gripe, não há outro lugar do mundo que eu preferiria estar agora senão tomando uma canja de galinha aconchegada bem do seu ladinho."

– Um cartão de melhoras para quando Brianna estiver doente.

4

Uma das coisas que mais tive dificuldade de aceitar depois do meu diagnóstico foi a ajuda dos outros. Eu sou organizada. Sou eficiente. Gosto de estar no controle. Quero fazer tudo eu mesma. Mas, às vezes, quando você está doente ou precisa de ajuda de qualquer tipo, tem que desacelerar, engolir seu orgulho e pedir aos outros que cuidem de você. Mesmo admitindo que minha família precisava de um trenzinho de refeições – quando os vizinhos e amigos fazem um rodízio para preparar o jantar todas as noites, para que Bri não se transformasse num nugget de frango de tanto comer só isso –, foi duro aceitar. Mas eu sabia que precisava de ajuda e, tão importante quanto, percebi que muitos queriam ajudar. Fazia bem a eles saber que podiam fazer alguma coisa por nós. Já que um rodízio para se aconchegarem no sofá comigo poderia causar certa estranheza na comunidade (embora não seja uma ideia inteiramente ruim, devo dizer), um pouco de canja de galinha caseira com certeza contribuía bastante para reduzir nosso estresse.

Aprendi de fato a relaxar quanto ao controle das coisas e aceitar toda a ajuda e o amor que as pessoas queriam me dar quando, semanas antes de descobrir oficialmente que eu era terminal, foi-me dito que o câncer havia se espalhado para o fígado. Para mim, foi um dos dias mais terríveis ao longo de toda essa provação, e Jeff não estava lá comigo. Ele havia planejado me acompanhar na consulta, mas pensei que não havia necessidade. Era para ser uma consulta de rotina. Na verdade, eu tinha planejado ir dali direto para o trabalho depois. Mas, em vez disso, a bomba sobre o fígado foi lançada. Depois de receber a terrível notícia, fui levada a uma sala fria e estéril para começar a receber tratamento imediato. Enquanto a quimioterapia estava sendo bombeada para a minha corrente sanguínea, fiz ligações chorosas para Jeff e outras pessoas sobre o mais recente diagnóstico. Mas, por meio do trauma, eu nunca estive física ou emocionalmente sozinha.

Dizer que eu recebi um excelente apoio profissional desde o dia em que fui diagnosticada não faz justiça aos homens e às mulheres incríveis com quem sempre pude contar, dos recepcionistas e flebotomistas aos enfermeiros e médicos. Os wisconsinianos têm um coração do tamanho de um bonde e sabem como confortar e cuidar das pessoas. Naquele dia terrível a equipe se revezou sentando ao meu lado, e me abraçando, chorando comigo e compartilhando histórias que me deram alguma esperança, embora todos nós soubéssemos que provavelmente não havia muita esperança. Eles têm funcionado como psiquiatras fora do consultório do meu psiquiatra real, e todos eles realmente se tornaram meus amigos próximos, fazendo-me rir e mantendo minha mente focada em coisas que não giravam em torno do câncer. Ter câncer não tem nada de divertido, mas eles com certeza tornam este passeio tão bom quanto possível.

Não consigo me imaginar fazendo o trabalho que eles fazem. Desenvolver amizades com pessoas que você sabe que vão morrer, ver pessoas "curadas", apenas para vê-los retornar com recorrência, ver coisas horríveis acontecerem com pessoas boas e todos os dias... Eu costumava pensar que havia um limite para a quantidade de merda que o universo poderia despejar sobre uma pessoa. Hah! Isso não é *nada* não verdadeiro no caso desses anjos notáveis... Mas eles também desempenham um papel importante em ajudar as pessoas a melhorar. Engajados tão ativamente, eles são testemunhas de milagres, talvez com tanta frequência quanto eles testemunham desgostos. Como deve ser uma sensação incrível ser capaz de dar a alguém uma segunda ou mesmo terceira chance de vida, então talvez haja algum equilíbrio emocional para eles. Embora eles não pudessem me curar, seus "aconchegos" emocionais durante meus momentos mais sombrios significaram uma enormidade para mim.

Para surpresa de muitos, apesar de o meu fim estar próximo, ainda sou capaz de proporcionar aos outros esse mesmo tipo de aconchego emocional tão bem ou melhor do que os receber. Muitas pessoas têm medo de me pedir ajuda ou conselhos, porque sabem que a magnitude dos seus problemas, provavelmente, não está à altura dos meus. Mas, dada a minha situação e perspectiva única da vida, estou em uma posição muito boa para ajudar as pessoas a enxergar as suas dificuldades sob uma luz diferente. Sim, posso ter problemas em uma escala maior, mas, ainda assim, você pode estar tendo o pior dia de sua existência. Eu amo você, eu me preocupo com você e quero a oportunidade de dar apoio para você também.

Um dia, no verão passado, recebi um telefonema do meu médico. Ele estava preocupado com alguns dados sobre a minha condição, que tinha acabado de revisar e queria que eu fosse fazer imediatamente uma tomografia de cérebro (embora soasse assustador, tais notícias bruscas haviam se tornado bastante rotineiras para mim). Como Jeff estava no trabalho, minha amiga Kate me levou ao hospital. Após o exame, sugeri a Kate que não desperdiçássemos o restante daquele belo dia à espera dos resultados em uma sala clínica deprimente, preocupando-nos com uma possível má notícia que até poderia não vir.

Kate estava atravessando dias difíceis; sua avó acabara de falecer; por isso, saímos para comer fora e tivemos um esplêndido almoço regado a múltiplas taças de vinho em um belíssimo pátio, só para podermos conversar e relaxar um pouco. O tipo de almoço onde nada é resolvido, mas seu rosto acaba doendo de tanto rir. Eu, então, sugeri que déssemos um pulo ali perto, no Monona Terrace, às margens do Lago Monona. Depois de admirar o lago por um tempo, deitamos na grama para uma extraordinária sessão de observação de nuvens. De acordo com Kate, eu sou uma nulidade em matéria de observação de nuvens. Não conseguia divisar nenhuma forma nas minhas nuvens, nem reconhecer nenhuma das que ela via nas *dela* – a tomografia de cérebro deve ter drenado a minha criatividade. Mas ser uma nulidade em observação de nuvens ainda é mil vezes mais legal do que sentar em uma sala de espera lendo revistas sobre formas de melhorar minha saúde a longo prazo. Então, nós nos esbaldamos com deliciosos e engordativos sorvetes, sentadas em cadeiras de terraço gigantes. Nós conversamos, rimos e vivemos aquele momento. Bom vinho, água azul, grama verde, nuvens de algodão e um cremoso sorvete na brisa de uma tarde quente de verão… Não poderia ter sido melhor.

Eu estava tão feliz por Kate ter podido contar comigo quando ela precisou de mim... Tendo testemunhado as normas assustadoras da minha nova realidade e como as coisas podem mudar drasticamente, sem aviso prévio, como ser convocada para um exame cerebral imediatamente, ela estava muito mais centrada após nosso almoço de improviso do que estava quando acordou naquela manhã. Kate disse que eu deveria transformar o que eu fiz por ela em um negócio: almoço e conversa repleta de toques transformadores de vida com uma jovem mãe, paciente de câncer terminal. Não é uma má ideia, mas acho que vou ficar com a opção de usar meu tempo livre para me aconchegar no sofá com Bri e Jeff o máximo que puder até que eu já não consiga mais fazer isso.

• *primeiro dia* •

"Respire bem fundo e seja corajosa. A princípio, haverá momentos em que as coisas vão parecer assustadoras, mas tudo vai ficar bem."

— O primeiro dia de Brianna na escola.

Eu sabia muito pouco sobre quimioterapia. Para mim, quimioterapia era quimioterapia. Era uma droga injetada em seu corpo ou tomada por via oral, que mataria o câncer ou pelo menos retardaria o seu crescimento. Ouvi histórias de horror sobre como ela deixava as pessoas nauseadas, mas isso era um efeito colateral comum da droga que os pacientes tinham de tolerar. E era isso. Eu realmente não achava que havia algo mais a saber.

Então, *eu* tive câncer.

Aprendi que a forma pela qual a quimioterapia age é matando todas as células que se dividem rapidamente. É literalmente matar você e o câncer ao mesmo tempo, mas com o objetivo de matar o câncer antes que ele mate você. Em outras palavras, como uma bomba atômica no faroeste, ela elimina os mocinhos junto aos bandidos, e nós torcemos para que mais caras bons restem de pé quando a poeira assentar. Sério, é um pouco de estratégia e muita sorte.

Algumas das células de crescimento mais rápido em nosso corpo são os folículos pilosos, razão pela qual os pacientes de quimioterapia perdem os cabelos e os pelos. A pior parte, porém, não é perder o cabelo da cabeça, mas do nariz. Dá para imaginar como é desagradável ter muco nasal escorrendo constantemente, sem nada para retê-lo ou pelo menos retardá-lo? Você não dá valor aos pelos do nariz até não ter nenhum. E tanto quanto não ter cílios e sobrancelhas é realmente desconfortável, porque *tudo* cai dentro dos seus olhos. Felizmente, os pelos em volta dos olhos, em geral, são os últimos a sumir e os primeiros a voltar, talvez algumas poucas semanas no total. Só não fique todo confiante como eu fiquei, se algum dia você tiver que receber quimioterapia. Eu achava que seria uma privilegiada e não perderia os meus cabelos. Muita gente que entra nessa se engana do mesmo jeito. Mas a químio não discrimina.

Embora eu não soubesse disso até começar a tomá-la, a quimioterapia não consiste em uma única droga apenas. Há Adriamicina, Carboplatina, Taxol, Eribulin e Xeloda, para citar alguns. Eu tomei dez drogas diferentes na químio. Os efeitos colaterais incluem, entre muitos outros: náuseas, fadiga, perda de cabelo, perda do paladar e unhas acinzentadas – supondo que elas não caiam antes disso. Se você já ouviu pessoas que receberam quimioterapia denominá-la como "veneno" ou referir-se a ela como "lixo tóxico" nadando através de seus corpos, elas não estão exagerando. Cada vez que uma enfermeira está prestes a administrá-la em mim, ela tem de usar uma máscara, protetor plástico de olhos, avental de corpo inteiro e luvas – como se ela estivesse entrando em uma área de risco biológico. E ela está.

Uma bolsa de soro da minha químio ostentava um grande adesivo vermelho, no qual se lia "risco biológico". Outra bolsa era marcada com uma etiqueta amarela, na qual se lia "resíduos patológicos". E outra ainda, com um adesivo verde em que se lia "Não despeje na pia ou esgoto. Descarte no lixo para detritos químicos". Porque, se você derramá-lo por um tubo de aço, pode ser perigoso. Mas lançá-lo diretamente em minha jugular é bom. Adriamicina, comumente denominada "Diabo vermelho" no mundo do câncer, foi aterrorizante para mim quando a tomei. É um líquido vermelho, a droga original das químios das antigas. Eu recebi quatro doses e não posso receber mais porque é tão tóxica que me mataria. As enfermeiras tinham de ser supercuidadosas para não deixar a droga cair em suas mãos quando a administravam em mim, uma vez que ela pode queimar através da pele. Mas tudo bem infundi-la nas minhas veias.

A químio, porém, é apenas o começo de todas as misturas estranhas que você começa a ingerir quando se tem câncer. Há esteroides, corantes para o mapeamento dos linfonodos, medicamentos antienjoos, terapia hormonal para prevenir a reincidência (Rá! Isso funcionou bem!), antibióticos de toda sorte, fluidos de hidratação, agentes de contraste para ressonância magnética do cérebro, sedativos diversos, medicamentos para a fadiga de quimioterapia, bebidas saborosas para as tomografias e vinho (que é autoadministrado em casa – e a tudo corrige).

Cada vez que uma droga da químio para de funcionar, tenho de ir para a oncologia receber informações sobre a próxima droga com que eles vão me envenenar. Certa vez, a informação consistiu em um panfleto intitulado "Todas as muitas maneiras horríveis com que a nova químio vai sacaneá-la". Pelo menos, foi assim que eu o li. Tomar o novo medicamento obrigava-me a também tomar dexametasona. Às vezes, chamada de "doce oncológico", a dex (como eu carinhosamente a chamo) é um esteroide que pode ajudar a conter uma multiplicidade de problemas causados pela quimioterapia, incluindo náuseas, perdas de apetite e de paladar, e reações alérgicas. Embora a dex me ajude com algumas dessas coisas, eu a abomino. A reação do meu corpo a ela pode ser pior do que a própria químio. Ele deixa uma luz acesa no meu cérebro quando as quero apagadas. Depois da minha sessão de quimioterapia, quando tudo o que desejo é dormir, essa luz mantém meu cérebro agitado, às vezes em uma taxa tão rápida que eu não apenas não consigo dormir, como também não consigo ler, escrever ou fazer nada que tenha de me concentrar.

Quando me encontrava sentada em uma sala de conferências recebendo as informações sobre a próxima droga pela boca de uma das minhas enfermeiras favoritas, ela acabou soltando a bomba dex em mim.

– Você vai ter de tomá-la três vezes por dia, durante quatro dias – disse ela, da maneira mais compassiva que alguém pode usar para dizer a uma pessoa que faça as malas para passar uma temporada de quatro dias no inferno. Eu já recebera notícias ruins demais, e conseguira lidar com a maior parte delas relativamente bem, mas descobrir que a quimio que eu vinha tomando tinha parado de surtir efeito e que a dex estava voltando para a minha vida foi mais do que pude aguentar naquele momento. Comecei a chorar. Na verdade, arrebentei-me de tanto chorar. Enveredei por todo aquele mantra de "a vida é injusta". Mas esse foi verdadeiramente um daqueles momentos em que as pessoas que me tratam do câncer foram acima e além de apenas fazer o seu trabalho.

Sabendo como eu ficaria contrariada quando me contasse sobre ter que tomar a dex outra vez, a enfermeira mostrou-se preparada. Enquanto eu chorava como um bebê, a porta da sala de conferências de repente se abriu. Dançando – eu não estou brincando... literalmente *dançando* – ao som potente de seu iPod, outra enfermeira atravessou a porta. E ela foi seguida por outra. E outra. E mais outra. Formando um renque de oito delas. Foi tão surreal que inicialmente eu não fazia ideia do que estava acontecendo. E então percebi que não era outra coisa além do que exatamente parecia… uma festa dançante espontânea! No meio de um hospital! Eu não podia acreditar. Pelos cinco minutos seguintes, apenas rimos e balançamos ao som da música. Embora a festinha tenha sido curta, durou o tempo suficiente para que os meus problemas se dissipassem, minhas lágrimas secassem e eu risse pra caramba. Quando as enfermeiras foram se retirando, com a minha mente agora mais focada no positivo, pensei em Jeff e Bri, e a razão de eu já ter encarado um inferno de tratamentos de quimioterapia. Não, eu não podia evitar tomar dex novamente nem toda a porcaria que vem com o medicamento, mas as enfermeiras elevaram bastante o meu ânimo e fizeram-me pensar com clareza suficiente para que eu soubesse que, por mais que a dex me maltratasse, eu ia ficar bem.

Nós todos temos de fazer coisas que não queremos fazer. Às vezes, respirando fundo, distanciando-nos da pesada carga emocional da situação e abordando-a de forma mais clara ou diferente, ela pode se tornar mais tolerável e mais fácil de lidar. A quimio é uma merda. A dex é uma merda. Tudo sobre o câncer é uma merda elevada ao quadrado e um pouco mais. Mas minha filha e meu marido são tão maravilhosos que nadar através desse Aqueronte tóxico vale a pena, porque sei que os dois amores da minha vida estão esperando por mim na margem oposta.

• *tempos difíceis* •

"Você tem a capacidade de fazer coisas que jamais imaginou que pudesse fazer. Dê o máximo de si e você verá do que estou falando."

— Um cartão para "meter bronca" durante os tempos difíceis.

MUITO ANTES DE EU PENSAR em comprar cartões de felicitações para Brianna, reuni algumas outras recordações para ajudá-la a se lembrar de mim.

Comecei com os essenciais livros de fotos customizados Shutterfly e Snapfish repletos de imagens de nós duas juntas. Quando comecei a quimioterapia, antes de ter certeza de que esse tipo de câncer iria me levar, eu reorganizei as minhas horas de trabalho para que pudesse ter as segundas-feiras livres, a fim de passá-las com Bri. Esses dias se tornaram conhecidos como "Segundas-feiras da Mamãe", e duraram mais de um ano, até ela começar a pré-escola. Nós preenchíamos cada segunda-feira com aulas de dança, ginástica, idas ao zoológico, convidando suas amiguinhas para brincar lá em casa, excursões "clube da Luluzinha" e parques aquáticos, filmes e dias de salão de beleza. Nós nos esbaldamos e capturamos boa parte de toda essa diversão em fotos.

Depois, comecei a produzir vídeos. Sentava-me no sofá sozinha, com o microfone na mão, divagava para a câmera sobre quem eu era e o que eu amava na Bri e o quanto eu sentiria falta dela e *yada, yada, yada!*[2] Eu finalmente tive que gritar "Corta!" quando até mesmo a câmera parecia entediada. Fiquei preocupada sobre como Bri ouviria um monte de coisas maravilhosas e fantásticas sobre sua mãe ditas por outras pessoas (espero), mas não iria ver aquela mesma mulher vibrante nesses vídeos.

Então, assim como Kramer reformulou seu formato quando seu *talk show* no antigo cenário de Merv Griffin fracassou (nona temporada, episódio seis de *Seinfeld*, um dos meus favoritos até hoje), mudei a abordagem e decidi fazer uma espécie de *reality show*. Com a irmã e o cunhado de uma amiga filmando e dirigindo a produção, registramos Bri e eu fazendo coisas do dia a dia pela casa: brincando com bonecas, assistindo ao futebol americano, preparando o jantar, lendo ou apenas contando coisas engraçadas ou interessantes que aconteceram durante os nossos dias juntas. Nada superemocionante, mas vídeos da vida real, que mostram a interação e o amor entre nós duas.

---

2 Referência ao seriado *Seinfeld*: quando se quer pular uma parte da história que está contando, você simplesmente diz: "*Yada, yada, yada!*". (N. T.)

Fiz, ainda, alguns vídeos falando diretamente para a câmera, mas com Jeff ao meu lado. Gravamos no porão, enquanto os nossos amigos mantinham Bri entretida no andar de cima. Batemos papo sobre nossas lembranças, como o dia em que ela nasceu e como Jeff e eu nos conhecemos. Nós dois ficamos naturalmente emocionados, o que certamente deixa os vídeos mais cativantes. Um desafio que tivemos enquanto gravávamos foi determinar para qual Bri estávamos falando. Uma preocupação relevante quando se tratava de discorrer sobre temas do tipo "como nos conhecemos". Será que Bri assistiria a isso aos cinco anos? Dez? Quinze? Vinte? Cinquenta? Deveríamos falar como se ela fosse uma criança ou adulta? Será que nossos vídeos deveriam ser "censura livre", "impróprio para menores de 13 anos" ou intermediários entre esses dois? Uma vez que nenhuma criança, de fato, deseja saber muito sobre seus pais a ponto de elevar a classificação para "impróprio para menores de 13 anos" ou pior, resolvemos manter os vídeos entre "censura livre" e um bocadinho só mais sérios. Bri fez a gravação pender mais para "censura livre" quando, enquanto Jeff e eu estávamos falando sobre um momento muito emocionante em nossas vidas, ela escapou de nossos amigos no andar de cima, irrompendo aos berros no porão: "Brilha, brilha estrelinha". Graças a Deus, a câmera estava gravando.

Eu logo migrei para gravações de voz, todas muito aleatórias. Gravei-me lendo alguns dos seus livros favoritos, e cantei músicas para ela, incluindo uma que eu cantava quando ela era bebê, chamada "Good Night to You", que eu inventei usando a melodia de "Parabéns pra você". Posso não cantar bem – sou horrível, na verdade –, mas conseguia criar canções de ninar no calor do momento que funcionavam que era uma beleza quando meu bebê não parava de chorar e não dormia. Claro que, como mencionei anteriormente, eu gravei a conversa sobre a primeira menstruação e a conversa sobre sexo para mais tarde na vidinha dela. Eu também fiz algumas minientrevistas com ela. Falamos sobre o seu primeiro dia de pré-escola e da viagem que fizemos para a Disney World, quando ela tinha 3 anos. Essa viagem para a Disney foi o resultado de generosas contribuições feitas por meio de uma página no *GoFundMe* e por um grupo particularmente próximo de amigos que estava determinado a fazer Bri conhecer Elsa. Nós juramos que nunca iríamos para a Disney antes que Bri tivesse 5 anos, porque queríamos ter certeza de que ela iria se lembrar da viagem. Como não sabíamos se eu viveria para ver seu quinto aniversário, fomos quando podíamos, e foi absolutamente mágico. Cada princesa que ela encontrou foi muito real para ela. Eu não ficaria surpresa se, com todas as fotos que tiramos e as gravações dela e eu falando sobre a viagem, ela se lembrar para sempre.

Após as gravações, eu procurei no Google por "mãe morta" para ver que ideias apareceriam. Mórbido? Sim.

Prático? Sim. Isso foi antes de a minha história sobre as cartas ser publicada, então não tive de me preocupar em encontrar o meu rosto cobrindo página de resultados após página de resultados de cima a baixo. O que encontrei foram vários sites de artesanato com ideias de como fazer joias e caixinhas de joias personalizadas e outras bugigangas que incluíam palavras relacionadas com a minha relação com Bri, como "dança", "risos" e "amor". Também achei livros concebidos para uma mãe gravar seu legado, coisas do tipo onde ela nasceu, onde trabalhava, suas coisas favoritas e memórias de sua vida.

Claro, já destinei alguns dos meus pertences pessoais à Bri, como joias, um diário que mantive quando estava grávida e pilhas de cadernos que ambas rabiscamos ao longo dos últimos dois anos. Tudo o que deixei para ela, dos objetos aos vídeos e gravações de áudio, está "aos cuidados de Jeff". Será decisão dele se ou quando ela verá essas coisas.

Que também incluem os famosos cartões.

Comecei comprando cerca de quarenta deles. Agora já há uns setenta. Tenho alguns para Jeff, para futuras ocasiões especiais em sua vida. Também tenho alguns para amigos, que Jeff vai entregar quando eu morrer; em geral, agradecendo-lhes por serem tão grandes amigos e talvez terminando com uma tirada mordaz (é *assim* que se dá a última palavra). Mas a grande maioria dos cartões é para Bri.

A minha experiência de escrever mensagens para ela nos cartões era como tudo mais na vida que é difícil de fazer: a expectativa de fazê-lo era muito pior do que realmente fazê-lo. Não comprei os cartões, voltei para casa e os preenchi alegremente. Eu os comprei, voltei para casa, olhei para eles por um longo tempo me perguntando por que eu os tinha comprado e onde estava com a cabeça quando achei que teria condições emocionais de preenchê-los, e então os coloquei de lado por semanas. Não tive ânimo de escrever um único deles. Em parte, por causa da finalidade de cada um. Como desejar um feliz aniversário à minha filha quando sei que não vou estar aqui para isso? Em parte, também, estava preocupada sobre como ela reagiria quando recebesse um cartão. O que dizer em um cartão de casamento, quando eu não tenho a menor ideia de quem ela será em duas, três ou seja lá quantas décadas a contar de agora, ou se ainda serei importante para ela?

Tentei me forçar a transpor esse obstáculo deslocando meu foco do medo e da dúvida para a potencial perspectiva de admiração e emoção de Bri quando ela recebesse um dos cartões. Imaginei-a no dia do casamento, sentada sozinha com seu belo vestido em uma sala silenciosa, refletindo sobre a vida e sobre a cerimônia prestes a ocorrer. Seu pai entra com um grande e caloroso sorriso. Ele lhe dá um abraço longo e diz como tem orgulho dela e como sua mãe também estaria extremamente orgulhosa. É um momento carinhoso e comovente entre pai e filha. Jeff então mete a mão no bolso de seu *smoking* e tira o meu cartão. No envelope, está escrito "Brianna", com a minha caligrafia. Ele o entrega a Bri... e ela surta! A simples visão do cartão faz com que ela soluce incontrolavelmente minutos antes de caminhar até o altar. As lágrimas arruínam a maquiagem antes perfeita, escorrem por seu rosto e no vestido. Ela grita com Jeff, "Como você pôde fazer isso comigo?", enquanto lança ao chão o cartão sem abri-lo, pisa nele com força, quebra o salto do sapato e sai do quarto impetuosamente...

Pare! Simplesmente, pare!

Isso é o que eu tinha de continuar dizendo a mim mesma durante todo esse processo, já que a minha mente vagava para os piores cenários fictícios. Lutei com muitas emoções enquanto escrevia esses cartões, especialmente com o medo e a dúvida. Será que cada cartão iria adicionar alegria à vida de Bri ou o contrário? Será que os cartões a deixariam contente, triste ou irritada? Como Jeff seria o guardião dos cartões e sabendo que ele usaria seu bom senso para melhor julgar se deveria ou não entregar a Bri algum em particular, sempre me convenci de que o potencial bem ultrapassava em muito qualquer potencial mal. Imagine receber um cartão da pessoa que amava você mais do que a própria vida, anos após aquela pessoa ter partido? Poderia haver um presente melhor? Eu sabia que precisava fazer isso.

Um dia, tirei a enorme pilha de cartões de uma gaveta, me instalei confortavelmente na cama de Bri quando ela estava na escola, e comecei a escrever. Meus bilhetes não eram longos, com exceção do cartão do dia do casamento, que exigiu papel extra para eu dizer o quanto eu esperava que aquele fosse o dia mais glorioso de sua vida. Não me preocupei em fazer minhas palavras soarem poéticas ou profundas. Simplesmente falei o que sentia, do fundo do coração, e disse o que eu diria se estivesse falando com ela pessoalmente. As horas foram passando, enquanto eu permanecia completamente imersa no momento. A maior parte das dúvidas que eu tinha quanto ao que eu estava fazendo desvaneceu-se gradualmente a cada cartão. Foi a melhor terapia que eu já experimentei. Senti uma sensação de liberdade e consolo sabendo que, mesmo que eu estivesse morrendo, seria capaz de falar com a minha filha muito tempo depois de ter partido. E, o mais importante, Bri seria capaz de ouvir a "voz" de sua mãe.

A única dúvida que realmente continuava arraigada a cada cartão era: "Quem eu serei para ela quando ler isso?". Eu não sabia como assinar alguns deles. Eu ainda serei "mamãe" para ela? Se Jeff se casar novamente, será que a sua nova mulher será a "mamãe" e eu serei rebaixada para "Heather" ou "aquela mulher que deu à luz a mim"? Se ela tiver uma nova mãe, eu estaria ultrapassando meus limites ao assinar "Mamãe" ou pelo próprio fato de eu lhe dar um cartão? Pensamentos como esses provocaram vários acessos incontroláveis de choro soluçante. Entenda que a ideia de me perguntar se eu ainda seria ou não "Mamãe" não era uma coisa negativa, apenas uma questão complicada. Para mim, Bri ter uma nova mãe para cuidar dela seria o melhor cenário. Eu, sinceramente, ficaria feliz se isso acontecesse! Eu *quero* ser rebaixada! Mas, naquele momento, estando ainda aqui, tentar descobrir como me referir a mim mesma em anos futuros, quando eu já tiver partido há muito tempo e Bri tiver uma nova mãe, era o que eu chamaria de "alegria agridoce". Uma alegria agridoce muito complicada, amarga, de se sentir.

Mas, como fiz com todas as outras emoções intensas que experimentei em decorrência da doença, tive de lidar com isso. Pousei o cartão no meu colo, com a caneta na mão, e chorei até que as emoções passassem, e depois comecei a escrever novamente.

Por mais difícil que tenha sido escrever cada cartão, a experiência, decididamente, valeu a pena. Espero que ela curta os vídeos e gravações de áudio e as lembranças que fiz e deixei para ela, mas não consigo imaginar que qualquer outra coisa terá um impacto mais forte do que uma mensagem pessoal minha, escrita à mão, num dia especial para ela ou num momento em que o amor de sua mãe poderia ajudá-la. Não será um abraço, um beijo ou uma conversa cara a cara, mas é o melhor que posso fazer. E, se ela não quiser um cartão em especial, ou qualquer um deles, tudo bem. Eles estarão lá para ela se ela quiser ou precisar deles. Só de saber que eles existem pode ser suficientemente terapêutico para ela.

A propósito, eu assinei os cartões como "Mamãe". Assinei alguns deles como "Mamãe Heather", como Bri me chama num tom brincalhão, às vezes. E sabe de uma coisa? No final, eu estava cem por cento satisfeita com isso. Não faço ideia de quem serei para ela em anos vindouros, mas cheguei à conclusão de que o que penso ou o que me preocupa é irrelevante. Se Bri quiser os cartões, será, provavelmente, porque ainda se lembrará de mim e da relação especial que nós tivemos, e assiná-los com algo diferente de "Mamãe" ou "Mamãe Heather" simplesmente não seria certo para com ela.

• *idade adulta* •

"Se você quer fazer alguma coisa, faça-a agora. Você pode ser devorada por um urso amanhã. Não existe momento perfeito para fazer o que quer que seja na vida. Não há razão para esperar. Vá e faça."

– Encorajamento na idade adulta.

7

Não existe isso de tempo "certo" para fazer o que você quer fazer. Sim, temos algum controle sobre nossas vidas, mas sou a prova viva (e quase morta) de que grande parte do nosso destino está além do nosso controle. Se você continuar a adiar algo que quer fazer porque o tempo não parece perfeito, há uma boa chance de que você nunca irá fazê-lo.

No último verão, a fundação Do It For The Love, que dá ingressos gratuitos de shows a veteranos de guerra feridos e pessoas com doenças terminais, gentilmente ofereceu a mim e Jeff entradas para vermos o Mötley Crüe, em Milwaukee. Nós amamos o Mötley Crüe. Deixe-me reformular isso: nós *amamos* o Mötley Crüe! A única "canção de ninar" que Jeff cantava para Bri quando bebê era "Home Sweet Home", que ela agora curte bem alto na sala de estar. Estivemos em dez concertos deles e, até hoje, arrependo-me de não termos tocado uma de suas músicas para a primeira dança no nosso casamento (o que tem a ver com o conselho que dei para Bri num outro cartão: faça o que você quer fazer no dia do seu casamento, e não o que as outras pessoas querem ou esperam que você faça).

A banda anunciou que aquela turnê mundial seria sua despedida – para coincidir com a minha própria turnê de despedida, sem dúvida. Soubemos, com alguns meses de antecedência, que tínhamos sido selecionados para assistir ao show, mas não tínhamos certeza se daria para participarmos, uma vez que o câncer odeia tudo o que gosto e faz o que pode para arruinar todos os aspectos da minha vida.

Três semanas antes do concerto, fui à clínica de oncologia para me injetarem uma nova droga para tentar evitar temporariamente a ira do câncer. Mas, antes que ela fosse administrada, os médicos descobriram que as minhas enzimas hepáticas tinham disparado. Para resumir, se tivessem me dado a droga com o meu fígado na condição em que ele estava, ela teria me matado em questão de dias. Claro que isso atirou todos os nossos planos pela janela. Os médicos tiveram que me bombardear imediatamente com o coquetel de quimioterapia mais brutal que eu já havia experimentado. Fabricado por Satanás e seus elfos do mal nas entranhas do inferno, ele me fez baixar ao hospital onde fui ligada a uma bomba ACP (Analgesia Controlada pelo Paciente) de Dilaudid[3] – por meio da qual eu podia apertar um botão para liberar o medicamento contra dor sempre que precisasse (por que todos os seres humanos não vêm equipados com essas coisas?). Apertei o botão noventa e três vezes só no primeiro dia. Sim, eu contei. O que mais havia para fazer? Sentia tanta dor que os médicos não puderam determinar se isso estava sendo causado por um fígado em falência (ruim) ou se era o câncer levando uma surra da quimioterapia (bom). O câncer grita quando está morrendo; por isso, quando ele está sendo morto por quimioterapia, seus gritos são a dor que sinto. Claro que, se meu fígado estivesse morrendo, ele também iria gritar.

No fim de semana seguinte, eles me deram apenas um ingrediente do coquetel de quimioterapia (não tão horrível, mas ainda assim horrível), e então eu tinha de passar a próxima semana sem tomar nada. Mas eles disseram que eu teria de voltar para mais um tratamento, na quinta-feira seguinte – véspera do show. Durante essa semana de trégua, contatamos uma equipe de cuidados paliativos para pacientes terminais na suposição de que, se meu fígado estava falhando, minha decadência física seria célere. Isso mostra como era ruim

---

3 Dilaudid é a marca registrada sob a qual é comercializada a hidromorfona, um opiáceo semissintético de forte poder analgésico, semelhante à morfina, usado principalmente para o alívio da dor extrema. (N. T.)

meu prognóstico. Ver a minha banda favorita tocar já não era mais uma prioridade. Permanecer viva era. Liguei para a mulher na fundação para que ela soubesse o que estava se passando.

– Não há condições de nós irmos – eu disse, firme.

– Não tome essa decisão ainda – respondeu ela. – Você tem uma semana antes do show, e ainda não sabe o que vai acontecer ou como você vai se sentir. Vamos esperar pra ver.

Alguns dias antes do show, a mesma mulher enviou-me um e-mail. Ela mencionava que a fundação não só iria nos dar quatro ingressos para o show, para que pudéssemos levar um casal de amigos, como também me arranjariam um *meet-and-greet* com a banda nos bastidores. Fiquei atordoada. Que oportunidade! Mas meu entusiasmo foi amortecido. Outra vez, o câncer. Ele tem seus próprios planos.

Tomei a minha última dose de quimioterapia naquela quinta-feira e me senti péssima. Admiti para mim mesma que não tinha condições de ir ao show. Na tarde seguinte, no dia do concerto, precisei tomar soro para me hidratar, um procedimento normal no dia seguinte após receber a quimioterapia. Enquanto estava lá sentada com Jeff ao meu lado, percebi que não estava me sentindo tão mal.

– Quer saber? – disse a ele. – Estou pensando que talvez devêssemos ir.

– Ir para onde? – ele perguntou.

– Ao concerto.

– O quê!? Tá doida?

– Talvez, mas estou me sentindo muito bem – respondi, demonstrando um pouquinho de entusiasmo. – Eu odiaria me sentir bem o fim de semana inteiro e não ir.

Como os médicos são treinados para dar uma segunda opinião, perguntei ao meu oncologista o que ele achava que devíamos fazer. Mötley Crüe ou o sofá da minha sala de estar?

– Eu acho que você deve ir – ele respondeu com naturalidade. – Há hospitais em Milwaukee se acontecer alguma coisa.

Bem, sim, dáááááá... Acho que, quando você tem câncer, o que complica infernalmente a sua rotina, nem sempre pensa nas coisas em termos assim tão simples.

Terminei de tomar o soro e, a essa altura, já tinha convencido Jeff de que devíamos ir. Corremos para casa, embalamos o que precisávamos, pegamos Bri na escola e a deixamos na casa da babá, e chegamos a Milwaukee a tempo de eu conhecer a banda. Senti-me meio que um pouco mal por não deixarem Jeff e os nossos amigos irem aos bastidores comigo; acho que era preciso estar morrendo para obter esse privilégio. Mas consegui superar isso muito rapidamente. Com o modelito camiseta preta irada com os dizeres "Eu ainda não morri" e peruca roxa brilhante, fiz uso de meu cancercard platinum numa rapidez recorde quando chegou a minha vez de conhecer os caras. É em momentos assim que o cartão deve ser usado, certo?

– Oi – eu disse com um sorriso enorme quando apertei nervosamente a mão do baixista e cofundador da banda, Nikki Sixx. – Sou Heather, e estou morrendo de câncer. Tipo, muito, muito em breve. – Isso é o que se chama "quebrar o gelo". Agradeci a todos eles as lembranças maravilhosas que tinham nos proporcionado ao longo dos anos e falei do prazer que era poder conhecê-los justo quando a banda e eu estávamos em nossas excursões de despedida. Eu não esperava que Nikki, que, aos olhos do público sempre passou a imagem de porra-louca, fosse ser o mais sensível do grupo.

– Ouça, Heather – ele disse, com as mãos firmemente postas sobre os meus ombros, olhando diretamente nos meus olhos. – Darei o melhor de mim para fazer com que este show e esta noite sejam incríveis para você. Quero que hoje você tenha a melhor noite de sua vida.

E eu tive.

Nossos lugares eram fenomenais, e aquele foi o melhor show do Mötley Crüe a que já assisti. Quando terminou, meu corpo pagou o preço. Fiquei tão dolorida de tanto dançar a noite toda que eu mal consegui caminhar de volta até o carro. Dormi por todo o dia seguinte. Mas faria tudo novamente se pudesse. Aprendi que, se você estiver bastante determinada a fazer alguma coisa e se concentrar em dar um passo depois do outro – no meu caso, *literalmente* –, pode fazer coisas que nunca pensou que poderia fazer. Eu tinha uma escolha: ficar deitada na cama o dia todo esperando a dor e os sintomas do meu tratamento darem as caras, ou meter bronca e aproveitar uma incrível oportunidade de conhecer a minha banda favorita. Pelo restante da curta vida que me resta, não importa o quão triste e terrível minha condição se torne, sempre serei capaz de sorrir ao pensar naquela noite, e Jeff também terá essa lembrança pelo resto de sua vida (que, espero, será muito mais longa).

Faça o que você puder quando puder fazê-lo. Não viva com o arrependimento de não ter experimentado alguma coisa ou de não ter feito algo que sempre quis fazer, por não achar que era o momento certo.

Quando um urso decide que quer comê-lo, ele vai comê-lo. Ursos, assim como a morte, não negociam.

• *coragem* •

"Eu costumava ter medo de falar em público, até que um dia falei sobre o meu câncer para uma enorme plateia. Percebi não apenas que era muito boa nisso, mas que também curtia muito o negócio. Não deixe que o medo a impeça de fazer o que quer que seja. E se você fracassar, o que é que tem? Não se arrependa por não ter tentado."

— Um cartão de "Você é capaz!".

"Você está ganhando no jogo Sobreviventes *versus* Câncer de Mama! Você roubou a bola do Câncer de Mama, e agora ela está sob o seu controle! Torcemos por você desde o início e queremos comemorar seu sucesso com você."

Essa mensagem estava em um e-mail que recebi da divisão local de uma organização nacional do câncer de mama, cerca de um mês *depois* de ter recebido um soco no fígado com a notícia de que meu câncer havia entrado em metástase, não havia esperança de curá-lo, e eu, provavelmente, tinha dois anos de vida no máximo. Aquilo era um escárnio. Eis a minha própria analogia com o basquete: o câncer em mim, uma equipe de clones de Michael Jordan em seu auge, está me vencendo por cinquenta pontos faltando um minuto para o fim do jogo e ainda está pressionando na marcação homem a homem. O máximo que posso fazer é pedir tempo de vez em quando para abrandar o ritmo, mas o resultado está decidido. Não estou ganhando. E vou perder. Estamos apenas esperando o apito final.

Como é esperado de alguém cuja vida vem sendo ditada pelo câncer de mama há quase três anos, e cuja morte é esperada em breve por causa do câncer de mama, aprecio os esforços de qualquer pessoa para combater essa doença. Mas sinto que a narrativa da fita cor-de-rosa que vemos em todos os lugares hoje em dia, especialmente no mês de outubro, já deu o que tinha que dar e precisa de uma mudança de foco. Acho que as pessoas e organizações que apoiam a história da fita cor-de-rosa têm a melhor das intenções. É bom que eles tenham criado uma comunidade onde os sobreviventes de câncer de mama possam se conhecer e apoiar um ao outro, e o aumento de conscientização sobre a doença que isso trouxe é incomparável. Mas deveríamos estar bem além do estágio de conscientização. Esse esforço tornou-se muito comercializado, e eu sinto que aqueles de nós cujo câncer entrou em metástase – "mets", como a chamamos, e "metsters", como chamamos a nós mesmos – temos sido deixados de fora da conversa porque estamos no estágio IV e não nos encaixamos na narrativa cor-de-rosa demais.

Nós, metsters, estamos morrendo. Cento e dez de nós nos Estados Unidos desaparecem todos os dias – quase cinco por hora. Nós não estamos em uma "batalha". Nós não somos a história "e viveram felizes para sempre" que as pessoas gostam de ouvir. Não há "conscientização" que vá nos ajudar. Já perdemos. Podem nos chamar de fortes. Podem nos chamar de corajosos. Mas não somos sobreviventes, apesar do fato de que fizemos exatamente o que as campanhas de conscientização nos disseram para fazer. Eu não tinha histórico familiar de câncer de mama. Tinha apenas 33 anos quando fui diagnosticada. Na época, o câncer estava apenas na fase II. Submeti-me a uma dupla mastectomia menos de um mês depois que a doença foi descoberta, seguida de quimioterapia agressiva por mais de um ano. Então, veio o golpe fatal. Ainda estremeço ao lembrar a celebração de Jeff cerca de um mês após a mastectomia, quando nos disseram: "Tecnicamente livre do câncer!", Jeff fazendo aquele gesto de "Yes!", puxando para si o punho fechado. Comemoramos, choramos, mandamos mensagem de texto a todos. Pensamos que havia terminado! Só era preciso mais ou menos um ano de quimioterapia, e poderíamos deixar o câncer para trás! *Isso* é o que eu e inúmeras outras mulheres em estágio IV ainda não entendemos. Conheço tantas mulheres a quem foi dito que o câncer se fora, apenas para serem pegas de surpresa mais tarde com a dura realidade de que ele se espalhou, e, na verdade, elas estão morrendo. Onde está *esse* tipo de conscientização? Não importou o fato de eu ter descoberto o câncer rápido (vários anos antes da época em que eu deveria começar a fazer mamografias rotineiras) ou que eu tenha feito tudo o que podia para tratá-lo. Só uma coisa importava: a minha patologia.

Considere este comentário do Dr. Eric P. Winer, diretor do Centro de Oncologia Mamária do Instituto do Câncer Dana-Farber, em Boston, capital do Estado de Massachusetts (EUA), num artigo do *The New York Times*: "Infelizmente, o que costuma acontecer é que, quando as pessoas pensam sobre o câncer de mama, elas o encaram como um problema que pode ser resolvido, e que, depois disso, é vida longa e normal; é apenas um ligeiro desvio na curva. Embora seja verdade para muitas pessoas, a cada ano, cerca de 40 mil pessoas morrem de câncer de mama, e todas elas morrem de doença metastática. Dá para ver por que os pacientes com doença metastática podem se sentir invisíveis dentro da comunidade das campanhas".

Há uma tampa cor-de-rosa em meus medicamentos que diz "diagnóstico precoce salva vidas". Bem, sim, isso *pode* salvar sua vida. Mas pode não salvar. Sim, faça sua mamografia quando tiver de fazer, talvez até mais cedo. Mas você precisa saber que pode não ser suficiente. É por isso que encontrar uma cura tem que ser a prioridade número um. Então, e somente então, essa doença será verdadeiramente derrotada.

A comercialização do câncer de mama é óbvia, sendo tão avassaladora que nunca permite àqueles de nós com câncer que nos esqueçamos do tumor, mesmo por apenas um dia. Eu não posso assistir a um jogo de futebol em outubro sem ver calçados cor-de-rosa, luvas cor-de-rosa, uniformes cor-de-rosa, bandeiras de escanteio cor-de-rosa, e torcedores usando bonés e camisetas cor-de-rosa. Nas lojas e *on-line*, já encontrei cogumelos da fita cor-de-rosa, *pretzels* cobertos com iogurte da fita cor-de-rosa, melancia da fita cor-de-rosa, ovos da fita cor-de-rosa, *spray* de pimenta da fita cor-de-rosa e armas paralisantes da fita cor-de-rosa. Sim, armas de choque da fita cor-de-rosa. Enquanto milhões de volts de eletricidade estão atravessando o seu corpo, lembre-se: "diagnóstico precoce salva vidas".

Então, se eu estivesse no comando, o que faria de diferente?

Em primeiro lugar, em termos de conscientização, faria um esforço para conscientizar sobre cada câncer. O câncer de mama recebe a maior parte do foco. Por que limitar a conscientização a um único tipo? O quanto sabemos sobre outros tipos de câncer? Milhares de mulheres morrem a cada ano de câncer de ovário. O que você sabe sobre detecção e tratamento de câncer de ovário? Eu sei que eu, pessoalmente, nunca fui educada sobre isso. Se a conscientização pode ser criada para o câncer em uma parte do corpo, vamos fazê-la para todo o corpo.

Em segundo lugar, muito mais dinheiro precisa ser destinado para a busca de uma cura. Criar conscientização é bom. Mas pesquisas para encontrar uma cura é muito melhor. E ponto. Não há nada mais que eu possa dizer sobre isso.

Em terceiro lugar, incluir a *todos* com câncer, de estágios I a IV, e com todos os tipos de câncer, nas discussões. Os homens podem ter câncer de mama também, mas muitas pessoas não estão cientes desse fato. Peter Criss, o primeiro baterista do KISS, é um dos homens mais conhecidos que tiveram câncer de mama nos últimos anos. Para metsters, especialmente aqueles que são bastante jovens, como eu, existem poucos recursos e pouco aconselhamento sobre como viver com estágio IV. Assim, muitos de nós sentem-se isolados. Não só nos pedem repetidas vezes, nos grupos de apoio, para "adoçarmos" as nossas condições para não perturbarmos outros pacientes no grupo que ainda têm chance de sobreviver, como também alguns de nós metsters foram convidados a deixar os grupos de apoio. Dá pra acreditar nisso? Sério! Eles nos veem como mensageiros da morte. Acredite em mim, a última coisa que quero fazer é assustar alguém, mas não posso mudar a minha realidade. É preciso haver mais recursos prontamente disponíveis para os jovens metsters porque, gostem ou não, não estamos mortos ainda. Ainda temos vidas para viver. Tive que praticamente perseguir as pessoas nas mídias sociais para encontrar outros metsters, e não tenho palavras suficientes para frisar a importância do vínculo que criamos e o quanto essas mulheres mudaram a minha vida para melhor. Sou eternamente grata por cada uma delas. Ajudamos umas às outras em como viver o resto de nossas curtas vidas – mas apenas depois de nos *encontrarmos*, o que não é fácil.

Essas questões mexem comigo de tal forma que me inspiraram a superar um dos meus maiores medos: falar em público. Costumava ficar com o estômago embrulhado só de pensar em falar diante de uma plateia. Mesmo que fosse uma pequena reunião de trabalho e com pessoas conhecidas, eu procurava encontrar desculpas para não ir. Não me orgulho disso, mas, quando estava grávida de Bri, adiei continuamente uma apresentação de quinze minutos que deveria fazer até saber que não havia maneira de fazê-lo antes da licença-maternidade. Isso mostra como eu tinha pavor de falar em público. No entanto, desde que fui diagnosticada com mets, passei a falar diante de multidões de até mil pessoas e, geralmente, sem nada preparado com antecedência. Sem ensaio. Sem cartões de anotações. Simplesmente abro o meu coração. A princípio, fiz isso com enorme relutância. Agora, faço com imensa paixão e emoção. Percebi que não poderia ficar quieta e deixar oportunidades como essa passarem. Com base nos aplausos e comentários que tenho recebido, acho que sou muito boa nisso; então, empreguei esse meu "talento" recém-descoberto nas mídias sociais, compartilhando abertamente a minha história e dando voz a todos os metsters. Pode não ser o campeonato nacional de futebol no domingo à tarde num estádio para 70 mil pessoas e com uma audiência televisiva gigantesca, mas cada causa digna tem de começar em algum lugar.

Sinto que estou, em certo sentido, contrariando a modinha da fita cor-de-rosa – mas eu não sou antifita cor-de-rosa, e não quero minimizar o bem que a campanha de conscientização da fita cor-de-rosa fez e ainda está fazendo para outras mulheres. Só quero que as pessoas entendam que ela não representa nós que estamos no estágio IV, nem que todo mundo que atualmente se encontra nos estágios iniciais vai evitar o estágio IV só porque está seguindo certos protocolos de "conscientização". Sinto que estamos em um ponto em que precisamos ir além dos cogumelos e armas de choque da fita cor-de-rosa e investir mais tempo e recursos nas pesquisas para se encontrar uma cura para todos os tipos de câncer. Perdi três amigas incríveis para o câncer de mama metastático nos últimos seis meses. Isso se traduz em seis crianças pequenas sem mães hoje. Recursos são escassos para aqueles que enfrentam diagnósticos terminais. Minha voz não estará aí por muito tempo, mas sinto-me compelida a falar, na esperança de que outros sejam encorajados a assumir essa causa comigo agora, e sem mim quando eu me for.

Aqueles de nós com mets existem. Nossas histórias não são bonitas, mas importam. Conscientização pode ajudar a salvar vidas. Pesquisa que resulte em uma cura *salvará* vidas. Não a minha, mas talvez a de outra pessoa. Talvez até mesmo a de Bri.

• *treze anos* •

"Eu sei como você é — você é extraordinária! Jamais permita que lhe digam o contrário. Ser uma adolescente não é coisa fácil. Às vezes vai parecer que o mundo está desmoronando, mas você irá superar. E, se algum dia você precisar de uma garota para conversar com você, eu tenho um montão de amigas que irão ouvi-la."

– Aniversário de 13 anos de Brianna.

Quando meu oncologista me classificou oficialmente como terminal, Jeff e eu derramamos algumas lágrimas em silêncio na clínica (embora eu acredite que possa ter murmurado alguns palavrões inadequados para se publicar) antes de nos dirigirmos para o carro. Ficamos lá, parados no estacionamento, perplexos e mudos, sem saber o que fazer. Nossos olhares estavam fixos no nada, para além do para-brisa, distantes e perdidos, incrédulos por estarmos tendo novamente essa experiência, passados dezesseis meses do diagnóstico inicial de câncer de mama e mais de um ano de tratamento que deveria me fazer melhorar. Eu olhava, de vez em quando, para Jeff e encolhia os ombros. Como poderíamos ao menos tentar dar sentido a algo tão injusto? Mas sabíamos que tínhamos de elaborar algum plano… e que melhor maneira de fazer isso senão com asinhas de frango fritas e cerveja? Ficamos na clínica oncológica por mais de cinco horas. Eu estava com fome, com sede e… morrendo. Se o vinho é o tratamento número um para tornar melhores as coisas ruins, comida boa junto de cerveja vem logo em seguida.

O que decidimos, sem pestanejar, era que iríamos viver vidas normais. Claro, seria um novo normal; não havia como evitar isso. Na verdade, seria um "novo normal novo". Meu novo normal ocorreu quando fui diagnosticada pela primeira vez, quando tive de me adaptar à vida com câncer de mama em estágio inicial. Agora, tinha de me adaptar à vida com um câncer perpétuo. Nesse novo normal novo, abandonaria o meu trabalho para que pudesse passar mais tempo com Bri. Meus dias seriam preenchidos com incontáveis consultas médicas e sintomas peculiares, como dores angustiantes em regiões do meu corpo que eu não sabia que existiam, em enxergar brilhos iridescentes circulando em torno de minha cabeça por conta das febres tumorais, e em urinar todas as cores do espectro por causa dos medicamentos. Mas queríamos permanecer no controle o máximo possível. Não iríamos cancelar planos, nem evitar tocar no assunto da minha doença, tampouco deixar de informar as pessoas sobre isso. Sentimos que a coisa mais saudável a se fazer seria sermos nós mesmos e esperar que todo mundo seguisse o nosso exemplo.

Recebemos uma quantidade tão surpreendente de apoio de amigos e familiares que jamais seremos capazes de retribuir. Seguir em frente tanto no novo normal quanto no novo normal novo não teria sido possível sem eles. Fosse organizando rodízios para o preparo de refeições, acompanhando-me por horas durante as sessões de químio e até as tornando divertidas, assegurando que a rotina de Bri permanecesse a mais normal possível (conseguindo que frequentasse as aulas de dança e as datas de apresentação, mesmo quando os planos eram alterados do nada), realizando as tarefas domésticas e cuidando da limpeza do quintal para nós, arrastando-me para a oncologia a fim de tomar alguma medicação (quando eu geralmente discutia que estava bem), ou apenas estando lá para conversar, não poderíamos pedir que estivéssemos cercados de pessoas mais genuinamente maravilhosas. Quando demos a notícia a todos de que o câncer era terminal, foi difícil para eles aceitarem. Mas sempre fui um livro aberto e disse-lhes que, nesta questão, não seria diferente. Não haveria proibições quanto ao que pudéssemos conversar. Só seria embaraçoso se eles próprios assim o julgassem.

Algumas semanas depois de compartilharmos a notícia, fomos os anfitriões da nossa festa anual do jogo de futebol americano dos Badgers. Como acontece frequentemente quando se trata da morte, as pessoas que compareceram à festa lidaram com o meu diagnóstico cada uma à sua própria maneira. Algumas ficaram na delas um pouco mais do que o habitual, porque ainda se sentiam emotivas e desconfortáveis para falar sobre a minha situação. Algumas, que conversaram comigo sobre isso, disseram que, pela minha aparência saudável e pela forma como eu agia – referindo-se à Dirty Girl Mud Run[4] da qual eu havia participado quatro dias antes do meu diagnóstico –, não podiam acreditar que eu estava morrendo. Acho que duas coisas que quase todos tinham em comum eram que eles gentilmente se ofereceram para prestar auxílio a mim e a Jeff, seja lá como precisássemos, e que minha futura morte foi um choque de realidade para eles no sentido de que somos todos mortais e podemos partir a qualquer momento. Muitos simplesmente não sabiam o que dizer para mim, e sinceramente eu não ligava. Era uma festa, não um funeral. Eu sabia que o que eles queriam dizer para mim seria expresso com o tempo, no momento adequado e no ambiente certo. O "normal" era tudo o que Jeff e eu queríamos em nossas vidas, a começar por essa festa, e, nesse dia, nossos amigos fizeram um bom trabalho em nos ajudar a alcançar isso.

Mas, nos meses que se seguiram à festa, a notícia devastadora tornou bastante claro como priorizar amizades no curto tempo que me restava. Eu certamente não estava buscando fazer isso, mas, com frequência,

---

4 Corrida de obstáculos na lama para mulheres. (N. T.)

tornou-se dolorosamente óbvio que algumas pessoas não eram sinceras em sua preocupação para conosco. Elas eram intrometidas, vasculhando detalhes mórbidos, importunando-me constantemente para que eu desse atualizações a fim de que pudessem fofocar e ter histórias sobre a "amiga moribunda" a fim de preencher conversas com os outros, em vez de tentar nos ajudar durante tempos difíceis. Depois de viver com câncer terminal por todo esse tempo, ainda me surpreendo com a variedade de formas com que algumas pessoas são capazes de tornar a minha situação algo sobre si mesmas.

Saiu um artigo fantástico no *Los Angeles Times*, em 2013, de Susan Seda e Barry Goldman, sobre a "Teoria dos Anéis" da reclamação, ou "Para dentro, confortar; para fora, despejar". Funciona da seguinte forma: desenhe um círculo. No anel central vai o nome da pessoa que está vivenciando o trauma (eu). Um círculo maior é desenhado em torno do primeiro. Nesse anel vai o nome da pessoa que está mais próxima do trauma (Jeff). Anéis e nomes continuam a ser acrescentados. Quando terminar, o resultado é chamado de "Ordem de Reclamação". As regras são as seguintes: a pessoa que está no centro pode reclamar sobre qualquer coisa a qualquer pessoa, a qualquer momento. Todos os outros podem fazer o mesmo, mas apenas para aqueles nos anéis externos. Ao falar com alguém em um anel interno, o objetivo é ajudar essa pessoa. Para dentro, confortar; para fora, despejar. E, se isso parece injusto, como afirma o artigo, "Não se preocupe. Chegará a sua vez no anel central. Pode estar certo disso".

Cedo, descobri que tentar fazer as pessoas se sentirem melhor sobre o meu câncer e diagnóstico era mental e fisicamente desgastante demais. Era quase "para fora, confortar completamente; para dentro, despejar". Amigos pediam-me com frequência que eu lhes prometesse não morrer, porque seria muito perturbador para eles (acho que mais perturbador do que é para mim, ou para a minha filha, ou para o meu marido). Disseram-me, inclusive, várias vezes, para não usar o termo medicamente correto "terminal" porque era muito negativo, ao que respondi, "Hum... mas somos todos terminais". Eu tinha mais do que podia suportar tentando trabalhar, ser uma boa mãe e esposa, não morrer e simplesmente funcionar de modo geral. Os outros adultos eram responsáveis por seus próprios sentimentos, e eu precisava cuidar da minha família em primeiro lugar.

Claro, um diagnóstico de terminal também confirma quem são seus melhores e mais próximos amigos. Alguns dos meus amigos, que partilham do meu senso de humor cáustico e mórbido, chegaram inclusive a ficar confortáveis o suficiente para brincar comigo sobre o fato de que eu estava morrendo. Um dia, uma grande amiga e eu estávamos caminhando, enquanto vários abutres sobrevoavam o lugar.

– Caramba, o que será que eles estão procurando? – eu disse.

– Provavelmente você – ela respondeu.

Se estivéssemos em pé à beira de um penhasco, eu teria despencado de tanto rir (sempre disse que, só porque tenho um câncer terminal, não significa que seja dessa forma que vou morrer. Qualquer coisa pode acontecer a qualquer momento).

Para mim, a parte mais gratificante do apoio durante esse período bastante difícil não foi o que os outros fizeram por nós até o presente momento (embora tudo muito apreciado, é claro), mas o que várias das minhas amigas se comprometeram a fazer por Bri quando eu me for. Uma amiga me disse que reparou nas roupas bonitas que escolho para Bri e que ela iria se certificar de que Bri continue a ser vestida com bom gosto. Outra amiga ofereceu-se para ensinar Bri a aplicar maquiagem quando ela tiver idade suficiente. Várias me disseram que estarão lá para Bri quando ela precisar de uma mulher para conversar, seja sobre garotos, seja sobre a escola ou qualquer outra coisa. Outra amiga vai garantir que Bri continue com seu incrível senso de humor. E todas elas disseram que se certificarão de que pelo menos uma delas estará presente em cada um de seus recitais de dança.

Algumas semanas depois do meu diagnóstico de terminal, várias das minhas amigas foram até lá em casa e passaram um tempo com Bri para me mostrar como estavam falando sério sobre tomar conta dela. Bri já havia conhecido todas as minhas amigas, mas, geralmente, com outras crianças por perto. Nesse dia, Bri era a única criança e "mais uma das garotas", enquanto elas a cobriram de atenção. "Mamãe, agora que eu passei um tempo com as suas amigas, elas são minhas amigas também, certo?", ela me perguntou depois que foram embora. Ela ainda fala bastante sobre aquele dia, o que conforta o meu coração.

Sei que, quando eu partir, Bri será criada por um grupo de pessoas muito maior do que aquele que a está criando agora. Minha morte não será fácil para ela. Hoje em dia, nós nos consultamos regularmente com um psicólogo infantil, que também estará de prontidão quando eu me for. Tenho fitas e DVDs para Bri ouvir e a todos assistir. Tenho cartões para todas as ocasiões para o resto de sua vida. Mas serão essas amigas que vão ajudá-la a enfrentar todas as suas barras. E para uma mãe moribunda que não poderá mais cumprir as suas obrigações e os seus desejos como mãe de Bri, não há paz maior do que saber que *elas* estarão lá.

• *término* •

"Às vezes, você precisa pegar uma garrafa de vinho, estirar-se no sofá e assistir a reality shows o dia todo. Faça uma higiene mental de vez em quando e tire uma folga da vida. Chore, chafurde nas lamentações e na autopiedade. Apenas certifique-se de se forçar a sair dessa na manhã seguinte."

– Para o término de um relacionamento ou simplesmente um dia ruim.

Fico triste ao rever fotos minhas da época anterior ao câncer, porque aquela vida morreu quando o tumor devastou o meu corpo. Também é torturante pensar sobre a vida futura que eu poderia ter, porque a doença, para todos os efeitos, matou também essa pessoa.

Posso fazer comentários extravagantes sobre a minha morte iminente (aí vai mais um), mas eu realmente lamento... muito. Cada uma das milhares de vezes que fui impiedosamente derrubada e pisoteada pelo câncer, consegui lidar com isso e me recompor, só para ser pega de surpresa por outra notícia ruim – mais tumores, outro efeito colateral, um tratamento que não funciona mais – e arrastada de novo para um buraco negro profundo. O câncer suga você da forma mais lenta e cruel possível até não restar mais nada. Eu não seria humana se não estivesse psicologicamente ferida pelos inúmeros golpes que ele desferiu contra mim.

Para me ajudar com esse inferno incessante, tento aplicar o singelo conselho de três palavras do meu psiquiatra a cada minuto de cada dia: *viva o momento*. Esqueça o passado. Esqueça o futuro. Eles não importam. O que importa é o agora. Viva. Ria. Ame.

Às vezes, depois de Bri sair para a escola de manhã, eu me sentava no sofá durante alguns minutos e olhava pela janela. Nada de TV, nem telefone, nem compromissos. E não pensava em nada em especial. Eu apenas me deixava "estar". Eu comparo isso ao episódio de *Seinfeld* em que Elaine e seu namorado, David Puddy, estão em um avião. Enquanto Elaine lê um livro, Puddy olha fixo para as costas do assento à sua frente, e ele parece perfeitamente satisfeito fazendo isso durante todo o voo. Isso deixa Elaine curiosa.

– Quer algo para ler? – ela pergunta a Puddy.

– Não. Eu estou bem – responde ele, continuando a olhar para a frente.

[Pausa longa]

– Você vai tirar um cochilo ou…

– Não.

[Pausa longa]

– Você vai apenas ficar sentado aí, encarando fixamente a parte de trás do assento?

– Sim.

Depois de outra longa pausa, Elaine explode e termina com ele. Tenho orgulho de dizer que sou como Puddy, capaz de simplesmente "estar" no momento, sem distrações ou a necessidade de ser entretida (felizmente, há substância suficiente no meu relacionamento com Jeff para que ele continuasse comigo entre os meus olhares que parecem estar vazios). Eu não sei se é necessariamente meditação. Eu só estou presente. Seja lá como você chame, isso funciona. Faz com que eu me sinta bem. É relaxante. É o agora.

Meu psiquiatra (um psiquiatra é absolutamente crucial após um diagnóstico de terminal, uma vez que o câncer encontra uma enorme alegria em tentar aniquilar a sua sanidade mental – porque destruí-la fisicamente não é satisfatório o bastante) é aquele que me ensinou a viver o momento praticando o "autocuidado impecável". Às vezes, exatamente o que preciso para me sentir melhor em um determinado momento surge do nada em minha cabeça – uma caneca gigante de café, uma longa caminhada, um *bloody mary* com o café da manhã, ou um cochilo. Mas, para os momentos em que me senti como se nada pudesse aliviar minha dor, aprendi que não estava procurando nos lugares certos. Tudo que eu precisava fazer era colocar a mão no meu coração e me deixar sentir e suportar a dor até ela passar. Sentar-se e realmente sentir é uma experiência incrível que, em última análise, tornou-me muito mais forte.

Na juventude e durante a idade adulta, nunca, jamais chorei. Não por quaisquer razões profundas psicanalíticas que eu conheça. Simplesmente não fazia isso. Eu acumulava quaisquer sentimentos ruins lá onde sentia que era o lugar deles, e tudo parecia bem. Então, quando comecei a me consultar regularmente com o meu psiquiatra e aprender a viver o momento, tive que fazer um grande esforço para me deixar desmoronar. Nas primeiras vezes em que fiz isso, chorei de maneira descontrolada, me perguntando seriamente por que isso era uma coisa boa. Como eu conseguiria ao menos me recompor? Mas consegui e ainda consigo. Sim, é assustador abrir mão do controle de seus sentimentos para o desconhecido, e pode levar algum tempo para você se recuperar. Mas sempre consegui guiar o meu caminho até a luz do outro lado, porque liberar essas emoções me ajuda a enxergar e sentir toda a alegria na minha vida.

Em certos dias, minhas emoções são provocadas pela tristeza – a ideia de morrer, a ideia de Bri não ter uma mãe, a ideia de Jeff tornar-se um pai solteiro. Em outros dias, culpo a dor física. Frequentemente, é por ambas. Mas não importa qual é a causa ou o quão pesados são esses sentimentos, aprendi a deixá-los acontecer simplesmente. Emoções são naturais. Elas não gostam que lhes digam o que fazer ou para onde ir. Levei duas décadas para me dar conta disso. Não as represo mais dentro do peito, porque esse não é o lugar delas. Permito que se manifestem, eu as deixo passar através de mim pelo tempo que for necessário – o que pode requerer um copo extra de vinho ou uma hora extra assistindo a alguma besteira na TV sentada no sofá –, e finalmente ressurjo como uma pessoa mais forte, assim que elas se vão.

A maioria das minhas explosões emocionais é resultado de repentinos "socos no estômago". Um dia, Bri e eu estávamos em uma loja de brinquedos, quando ela subiu em um desses miniveículos motorizados da Barbie e o dirigiu de um lado para o outro no corredor. Percebi imediatamente que aquilo seria o mais próximo que eu chegaria de vê-la dirigindo. Foi um momento que me deu uma "tapa na nuca" e partiu meu coração. Quem poderia esperar uma coisa dessas numa loja de brinquedos? Eu não esperava, mas deixei rolar. Chorei ali mesmo por alguns minutos até que me sentisse melhor. Houve um par de olhares curiosos de outros clientes, mas nada além. Percebi que a maioria das pessoas não percebe quando choro, ou não está nem aí para o que estou fazendo ou deixando de fazer. Talvez eles se sintam intimidados pela mulher careca que está chorando por causa de um carrinho da Barbie. Seja qual for a razão, normalmente não recebo uma segunda encarada. Mesmo se recebesse, sei que o valor de deixar fluir minhas emoções naturalmente é tão grande que eu não me importaria.

Outro momento de soco no estômago ocorreu em uma véspera de Ano-Novo. Jeff e eu estávamos no sofá assistindo à TV, rindo e de bom humor, enquanto assistíamos à bola da Times Square descer. Mas, quando as câmeras passaram para os entes queridos abraçando e beijando uns aos outros, isso desencadeou uma onda de tristeza. Meu coração se despedaçou. O Ano-Novo tem a ver com novos começos, como noivados e beijos à meia-noite, e a excitação geral de começar algo novo. Jeff e eu o havíamos celebrado tantas vezes juntos... seria esta a nossa última vez? Desabei em lágrimas assombrada por esse pensamento – um choro feio de se ver, de nariz escorrendo. Então, liquidei uma garrafa de champanhe e adormeci, exausta. Quando acordei na manhã seguinte, senti-me mal por arruinar a nossa noite. Era assim que as coisas seriam a partir de agora? E se cada ocasião especial que me resta for ofuscada pela minha dor? Mas Jeff me garantiu que ficaria tudo bem e os meus acessos espontâneos não estragariam nada. Isso pode incomodar por um breve período, mas, felizmente, tornei-me bastante eficiente em atravessar e superar essas crises. Se me acometem, eu deixo rolar, e então eu me ancoro de volta no agora. Foi o que aconteceu no show do Mötley Crüe, quando eles começaram a tocar "Home Sweet Home". Comecei a chorar assim que ouvi as primeiras notas. Em vez de combater a sensação, deixei rolar e, então, retornei para o agora, cantando desafinadamente a música com toda a potência dos meus pulmões no ouvido de Jeff. Isso transformou um momento breve e triste em uma das lembranças mais especiais que eu já tive com Jeff.

Eu choro com frequência na frente de Bri. Ensinei a ela que não tem problema ficar triste e liberar suas emoções. Às vezes, quando estou sentada no sofá com ela dormindo no meu colo, eu choro enquanto a observo dormir. No outono passado, eu tive que faltar à festinha de aniversário de sua melhor amiga depois de prometer que faria todo o possível para ir. Eu estava com muita dor para caminhar ou mesmo me sentar. Estava chateada porque eu tinha perdido a festinha dessa mesma amiga no ano anterior, após uma reação horrível que eu tive a um medicamento ao qual comumente se referem como "cola de osso" (se a sua farmácia não tiver, tente o corredor seis de sua loja de ferragens local). Bri até hoje lamenta que tenha perdido aquela festinha, por isso eu lhe havia prometido que faria o possível para ir a essa... mas eu não pude. Quando estávamos indo para casa, voltando da loja onde compramos o presente de sua amiga, ela me perguntou sobre a festa. É claro que eu chorei.

— Mamãe, por que você está de cara triste? Porque você quer ir à festinha da Macy?

— Sim, e estou triste porque não posso ir. Mas vou chorar um pouquinho e depois vou me sentir melhor.

Estou contente por você ir, e mal posso esperar para ouvir você me contar como foi a festa.

– Porque se você chorar, às vezes você não fica mais triste.

– Bem, sim. E às vezes você continua triste, mas tudo bem também. Não se preocupe, vou ficar muito feliz por você estar se divertindo. Vou ficar com um baita sorrisão no rosto.

– Mamãe, você tem ficado muitas vezes de cara triste. É porque você não se sente bem?

– Sim. E é frustrante, porque eu não queria precisar descansar tanto. Eu queria dançar, correr e brincar com você.

– Mas os médicos estão tentando tirar o câncer, certo? E se eles tirarem o câncer, você vai se sentir melhor!

– Sim. Eles estão tentando muito, muito mesmo.

– Mas você ainda pode saltar com câncer, certo?

– Sim! E abraçar você. E mesmo se eu estiver triste ou não me sentir bem, sempre amarei você.

Minha esperança é a de que, ensinando-lhe que não tem nada de errado em se sentir triste às vezes, ela seja capaz de lidar melhor com suas emoções quando eu me for e, em última análise, ser uma pessoa mais feliz.

O ex-treinador do time de basquete da Universidade Estadual da Carolina do Norte, Jim Valvano, que morreu de câncer em 1993, disse, em um discurso muito famoso, que há três sensações que todos nós devemos praticar todos os dias: "A número um é rir. Você deve rir todos os dias. A número dois é pensar. Você deve gastar algum tempo pensando. E a número três é que você deve levar suas emoções às lágrimas, até de felicidade ou alegria. Mas pense nisso. Se você rir, pensar e chorar, será um dia completo. Será um dia e tanto! Faça isso sete dias por semana, e você terá algo especial".

É exatamente assim que vivo minha vida com câncer, e acredite em mim (e no treinador Valvano) – é uma forma incrível de viver. Sinto que minha vida está espalhada por um amplo campo de emoções intensas. Sim, isso pode ser doloroso, até mesmo brutal, às vezes, mas, quando você emerge do outro lado, a vida é muito mais alegre e muito mais bonita do que você jamais poderia ter imaginado.

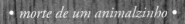

• *morte de um animalzinho* •

"Sei como é difícil quando um animalzinho de estimação morre, e lamento que isso tenha acontecido. Fique de luto pelo tempo que precisar, mas saiba que um dia isso vai passar e, em vez de ficar triste toda vez que pensar em seu animalzinho de estimação, você irá sorrir ao se lembrar de como era maravilhoso tê-lo ao seu lado."

– A morte de um animalzinho de estimação.

11

Nós compramos um peixe para Bri. O nome dela era Goldie. Ela era *uma peixinha* grande, maravilhosa e adorável que proporcionou imensurável felicidade à nossa casa… por quarenta e oito horas. Apenas dois dias após Goldie tornar-se parte da nossa família, depois de colocarmos Bri na cama naquela noite, Jeff e eu encontramos Goldie boiando de barriga para cima em seu aquário. Apesar de rumores infundados sobre sabotagem, uma investigação completa determinou que ela morreu de causas naturais.

E Jeff quase pirou.

Não por Goldie estar morta – fui capaz de consolar Jeff sobre isso (embora ele de fato tenha passado muito tempo no Google naquela noite tentando descobrir por que ela morreu. Minha teoria "Cara, é um peixe dourado de cinco dólares, é o que eles fazem" não foi levada a sério).

O que estava pirando Jeff é que teríamos de dar um jeito de contar para uma criança de 4 anos que seu animalzinho de estimação novo, que havia se tornado o amor de sua vida no momento que Goldie foi pescada com uma redinha aleatoriamente de dentro de um aquário de loja e jogada em um saco de plástico transparente, havia morrido. Nossa cachorra, Mitzie, que Jeff e eu tivemos por vários anos, morreu quando Bri tinha 3 anos, mas a morte de Goldie foi um pouco diferente. Bri agora era um ano mais velha, e Goldie tinha sido *seu* animalzinho de estimação, escolhido por ela e mantido em seu quarto.

Durante seu pânico de como lidar com isso, Jeff teve uma ideia. Ele iria jogar Goldie no vaso sanitário, dar descarga e, em seguida, ia sair para arranjar outro peixe bem parecido com a Goldie (em outras palavras, ele iria comprar outro peixinho aleatório). Então, despejaria Goldie II no aquário de casa e tudo ficaria bem.

Não era um plano ruim, especialmente tendo em vista o exíguo prazo que tínhamos para encontrar uma solução até a manhã do dia seguinte, mas eu estava contrariada porque não queria mentir para Bri sobre a morte de Goldie. Talvez ainda mais importante, eu já estava acomodada e pronta para dormir e não queria que Jeff me deixasse sozinha para ir até o petshop do hipermercado atrás de um peixe. Quando Bri acordou na manhã seguinte, depois de Jeff ter passado a noite em claro, preocupando-se sobre como lhe dar a notícia, ele entrou em seu quarto para lhe contar a verdade.

– Querida, eu tenho uma notícia triste – disse ele. – Goldie ficou doente, e... bem, ela morreu.

Bri olhou em silêncio para ele. Jeff esperou pelas lágrimas.

E esperou.

E esperou.

Nenhuma reação. Talvez ela ainda não estivesse completamente desperta. Ele esperou um pouco mais, dando-lhe tempo para processar a informação – e porque ele não sabia mais o que dizer. Finalmente, ela respondeu.

– Tudo bem. Posso ter outro?

Ele perdera uma noite de sono para ter uma resposta dessas.

– Acho que sim. Claro – ele respondeu.

– Onde está Goldie? – perguntou Bri.

Jeff estava preparado para essa pergunta e tentou falar com naturalidade.

– Bem, nós a levamos para o lago e a colocamos lá dentro. Dessa forma, ela poderá ficar com os outros peixes. – Na verdade, com a descarga Goldie foi carregada para o mar, mas, com *essa* mentirinha, não me importei. Havíamos superado a parte da morte do peixinho. Não havia razão para arriscarmos perturbá-la naquele momento. Jeff esperou novamente por sua reação.

– Ok, mas da próxima vez que meu peixinho morrer, você pode deixá-lo no aquário para que eu possa vê-lo?

100

— Claro — ele disse com alívio. Crise resolvida.

Nem todos encaram o luto da mesma forma. Algumas pessoas compartimentam os seus sentimentos. Elas querem "seguir em frente" o mais rapidamente possível. Outros deixam fluir suas emoções enquanto se demoram na tristeza por dias, semanas, meses ou mesmo anos. Esses dois tipos de gente geralmente não se encaixam. Os que compartimentam acham que é preciso mostrar resistência o tempo todo, porque a vida não dá mole pra ninguém. Os que se demoram na tristeza acham que represar é ruim para a sua saúde física e mental em longo prazo.

E há também aquele tipo de 4 anos, que precisa apenas assistir a um episódio de *Yo Gabba Gabba* para tudo voltar a ficar bem com o mundo.

Creio, no entanto, que, seja qual for a sua forma de vivenciar o luto, é dessa forma que você deve fazê-lo. Em tudo que escrevi e gravei para Bri sobre como lidar com a minha morte ou a morte de qualquer pessoa (ou peixe), bato principalmente numa tecla: faça o que precisar fazer para cuidar de si mesma, e você vai ficar bem. Em luto por minha própria e iminente morte, tive alguns dias muito ruins, e tenho lidado com eles mergulhando em sérias crises – que envolvem muito choro, não querer nem me levantar para nada, mais choro, comer, beber, *reality shows*, e ainda mais choro. Também tive alguns dias bastante surpreendentes, como no ano passado, quando me deitei debaixo de um sol glorioso sobre o grande "W" no meio de campo do Camp Randall Stadium, a casa dos Badgers, após uma semana muito difícil. Esses dois métodos de enfrentamento são muito diferentes, mas eles eram exatamente o que eu precisava, em ambos os momentos. As pessoas sempre vão tentar lhe dar conselhos não solicitados sobre como você deve se comportar quando está sofrendo, porque foi de tal jeito que funcionou para elas. Agradeça educadamente e depois ignore. Faça o que seu instinto lhe diz que é o ideal para você. E, se tiver alguma dúvida, procure um psiquiatra ou alguém próximo a você com quem se sinta confortável para conversar.

A verdade é que não me importo quanto a se algum dia Bri irá realmente assistir às coisas que eu deixei para ela, ou lê-las, ou apenas escutá-las. Se por um lado para mim foi terapêutico compilar esse material, ele só estará lá para ela, caso precise dele. Se ainda estiver de luto pela minha perda em cinco, dez ou vinte anos e quiser me ouvir cantar uma música ou ler alguns dos meus pensamentos, ela vai ter todo esse material à sua disposição. Mas, se estiver seguindo em frente na vida e não precisar voltar no tempo para continuar assim, então ela não deve prestar atenção a nada disso. E me consola confiar que Jeff vai saber o que disponibilizar para ela, e quando.

Minha maior esperança é a de que, ao deixar esses itens para Bri, vou ter coberto tudo de tangível que ela gostaria de ter de mim e poderia ajudá-la a passar por tempos difíceis. Muitas vezes, quando pessoas próximas a nós morrem, desejamos ter ao menos uma gravação, qualquer coisa escrita, uma lembrança de algum tipo na qual possamos nos agarrar, algo que possa nos impulsionar a atravessar um dia difícil ou uma semana ou mais. E, claro, há a parte intangível de valor inestimável que vem com o ato de deixar essas coisas, o fato de que Bri sempre saberá o quanto eu a amava e que sempre terei orgulho dela.

Aos 4 anos, Bri é uma pessoa incrível, muito engraçada e cheia de alegria. Eu não quero que haja uma nuvem triste pairando sobre a sua vida, jamais. Quero que ela faça o que precisar fazer para si mesma a fim de ser feliz. Se minha ausência for o que vai criar uma nuvem, então talvez alguma coisa do que lhe deixei irá dissipá-la.

• dezesseis anos •

"Dezesseis pode ser uma idade difícil, mas também é uma ótima fase em sua vida. Jamais dê importância ao que os outros pensam. Apenas seja gentil, seja autêntica, seja você mesma."

– Aniversário de 16 anos de Brianna.

Há duas coisas que uma jovem mãe com câncer certamente recebe dos outros: uma tonelada de opiniões sobre como ela deve viver sua vida com a doença e ajuda para fazer absolutamente tudo. No meu caso (e no caso da maioria das metsters), o problema é que, às vezes, eu não quero nenhuma das duas. Isso é uma coisa dura de dizer, considerando que a maior parte de quem fornece essas coisas faz por amor. Mas, nessas situações, eu preciso permanecer fiel a mim mesma e fazer o que é melhor para mim e para a minha família.

Como já disse, o meu câncer fez aflorar o melhor lado nas pessoas ao meu redor. A minha família e eu aprendemos em primeira mão quanta bondade de fato existe no mundo, e nós não chegaríamos onde estamos hoje sem a generosidade e o apoio que temos recebido. Mas, às vezes, mesmo quando o coração das pessoas pode estar repleto de boas intenções, inadvertidamente elas ultrapassam fronteiras e criam mais estresse em nossa vida do que já temos. Estou abordando esse tema por uma razão: dar a essas pessoas, tão bem-intencionadas e de coração tão grande, uma perspectiva diferente, antes que elas ofereçam soluções não solicitadas para alguém com câncer, e, especialmente, a alguém em estágio IV.

Cerca de sete meses após iniciar meu tratamento de câncer e ainda com a esperança de que pudesse vencê-lo, tomei a última dose de um dos meus medicamentos de químio mais detestados. Para comemorar, uma das minhas amigas mais próximas me comprou uma propositalmente gigantesca caixa de balas Nerds, disparada a minha forma favorita de doce. Fiquei tão animada que postei uma foto minha com as balas Nerds na rede social e depois, à noitinha, aconcheguei-me no sofá para apreciá-las com uma taça de vinho. Na manhã seguinte, liguei meu computador e recebi uma enxurrada de mensagens frenéticas de várias pessoas. Elas diziam que viram uma foto minha com os Nerds (eu me perguntei de quais amigos meus elas estavam falando até que percebi que escreviam a letra "N" com letra maiúscula) e estavam muito preocupadas comigo. Perguntaram se eu estava ciente de que o açúcar causa câncer e disseram que eu precisava parar de comer Nerds *imediatamente* para ter qualquer esperança de vencer esta batalha. Como é que alguém pode criar um caso tão grande a partir da foto de uma mulher de cabelo azul segurando uma taça de vinho e uma caixa gigante roxa e cor-de-rosa com as palavras *Wonka* e *Nerds* atravessadas na frente da embalagem está além da minha compreensão, mas elas o fizeram.

Sei que elas tinham boas intenções, mas a última coisa de que eu precisava depois de perder os dois seios, estar no meio da jornada de mais de um ano de um tratamento terrível e seguindo cada ordem que me era dada pelos médicos era ser aconselhada por pessoas que nunca tinham tido câncer, não eram médicos e provavelmente não tinham conhecimento de que a bala Nerds contém a cera de carnaúba que todo corpo humano precisa. Ok, então Nerds não são nada além de bolotinhas de dextrose sem valor nutritivo, e cera de carnaúba *pode* não ser vital para viver. Mas, quer saber? Quem se importa! Sei que essas pessoas estavam tentando ajudar, mas senti que elas insinuavam que eu não estava me cuidando e era relapsa em meu esforço para melhorar. Essa foi a *única* vez que comi Nerds, e ninguém pode provar que comi a caixa inteira! É tipo como quando você está grávida e todo mundo acha que seu corpo está automaticamente em discussão pública, e qualquer decisão que você tomar está aberta a julgamentos, apenas pelo fato de que o seu útero está ocupado ("Sério? Você vai comer... frios?"[5]).

Por favor, entendam que as pessoas nos estágios iniciais de câncer têm de aprender a conviver com o terrível risco, sob o qual, mesmo que lhes digam que estão *curadas*, o câncer pode voltar a qualquer momento e provavelmente isso não terá nada a ver com a forma como elas viveram durante seu tempo de "curadas". É uma coisa imensamente assustadora de se lidar; muitas pessoas deixam que o medo dite as suas vidas a ponto de se negarem a alegria de estarem vivas. Se o câncer retorna, é porque é isso que o câncer faz. *Não* é por causa da colher extra de sorvete no shopping num domingo ou da latinha de refrigerante diet de vez em quando. Também não é porque eu bebi água mineral demais de garrafas plásticas (alguém realmente disse isso sobre mim para outra pessoa). Mais uma vez, entendo que, na maioria dos casos, as pessoas querem o meu bem, mas às vezes as boas intenções podem ser muito dolorosas, e mais ainda para alguém que já passou por mais dor que a maioria das pessoas consegue imaginar.

---

5 Frios de carnes, qualquer que seja (copa, mortadela, presunto, rosbife, salame etc.), podem provocar listeriose, uma intoxicação alimentar causada por ingestão de alimentos contaminados pela bactéria *Listeria monocytogenes*. Na gravidez, a intoxicação pode resultar em aborto espontâneo, partos prematuros, infecção grave do recém-nascido ou mesmo natimortos. (N. T.)

Desde que a minha história sobre escrever mensagens para Brianna tornou-se viral, tenho sido bombardeada por e-mails, pelo menos meia dúzia deles a cada semana, de gurus sabichões de todo o mundo, que eu nunca vi na vida, os quais afirmam ter a cura para o meu câncer. Embora eu ache fácil descartá-los como charlatães, o fato assustador é que há algumas pessoas com câncer desesperadas que topam experimentar qualquer remédio citado em algum meio que leram, passando a ignorar a medicação baseada em evidências desde o início. É certamente um direito delas, mas, quando finalmente percebem que não está funcionando, pode ser tarde demais para tentar qualquer outra coisa. Tenho mostrado ao meu oncologista algumas das sugestões de tratamento que recebi. Ele me disse quão perigosos alguns desses "tratamentos" podem ser – na sua opinião, lesam mais do que a quimioterapia, ou até mesmo que o próprio câncer.

Decidi responder entusiasticamente às pessoas por trás de alguns desses e-mails, felicitando-as por encontrar a "cura" e dizendo-lhes que mal podia esperar para contar aos enfermeiros no meu hospital, a fim de que eles pudessem correr e dar por encerrados todos os tratamentos de câncer para seus pacientes. Pedindo-lhes, inclusive, que obtivessem os contatos e a patologia daqueles que foram curados, porque, obviamente, eles sabiam que esse conselho podia me matar se eu não tomasse cuidado, certo? Surpreendentemente, apesar de me fazer de sonsa em meus e-mails, nunca recebi uma única resposta dessa gente. Acho que despejar café na minha bunda (sim, essa foi uma das sugestões que recebi) vai ter de esperar até que alguém me forneça mais evidências científicas quanto a café na bunda dar resultado.

Não costumo responder a quem me envia e-mails porque seus remetentes pensam que sabem mais do que os médicos. Se eu estiver frente a frente com uma pessoa dizendo que a tia Sally foi curada com uma panaceia, tipo Hamlin's Wizard Oil (inventado no século XIX por um mágico, o qual afirmava que seu produto podia matar o câncer – só para variar, um mágico), posso sorrir, balançar a cabeça e agradecer a sugestão, pois sei que a intenção da pessoa é boa, mas o que todos nós metsters realmente precisamos é de algo muito mais simples: apoio incondicional. Isso significa: sem julgamentos. Se uma amiga está celebrando a última dose de sua químio mais odiada empanturrando-se com uma caixa de balas e você não pode dizer "Que legal!", "Estou feliz por você!" ou algo semelhante, sem seguir suas amáveis palavras com um "mas…", então, provavelmente é melhor ficar calado. Saiba que o nosso desejo é, de fato, viver com a mais alta qualidade de vida que pudermos, pelo máximo de tempo que pudermos, e comer punhados de Nerds uma noite inteira não significa que não estejamos.

No que diz respeito a querer ajudar na prática alguém com câncer – fornecer refeições, fazer trabalhos domésticos, visitá-lo –, há uma forma muito simples e educada de se fazer isso: pergunte primeiro. Só isso: por favor, simplesmente pergunte. Essa é uma questão difícil porque todo mundo que aprecia ajudar o faz por amor, e eles acham que tudo o que fazem para nós está ajudando, mas esse nem sempre é o caso. Se você quiser vir e visitar, seja para dizer "oi!", seja para preparar o café da manhã ou dar uma limpada na casa, isso tudo é muito apreciado, mas, por favor, entenda que eu posso não querer receber ninguém naquele determinado momento, porque isso pode estar interrompendo meu tempo de aconchego com Bri ou qualquer outra coisa que a envolva ou a Jeff, que significam mais para mim do que qualquer outra coisa no mundo. Basta perguntar, e se eu disser "não", jamais tome como pessoal. Compreenda que, por eu estar morrendo, cada pedacinho do meu tempo é priorizado, e ninguém nunca vai receber classificação mais elevada do que a minha família.

Se você quer aparar nosso gramado ou fazer alguma outra tarefa para nós, reitero, pergunte primeiro. Isso pode soar aparentemente um absurdo – como aparar nosso gramado pode ser uma coisa ruim? Bem, não é uma coisa nada ruim, mas considere o seguinte ponto de vista: para Jeff, uma das poucas válvulas de escape do caos de nossas vidas é poder ir lá fora e aparar o gramado por algum tempo. É uma chance de ele ficar sozinho, uma chance de pensar – ou de não pensar em nada –, sem distrações. É semelhante àquela coisa que eu faço de olhar-fixamente-através-da-janela-para-estar-no-lá-agora. Embora o maior foco seja em mim, a esposa de Jeff está morrendo. Ele vai ficar viúvo em breve. Ninguém está atravessando maior dor psicológica do que ele agora, nem mesmo eu. Se cortar a grama sem perguntar, você pode ter feito algo muito gentil, mas também pode ter acabado com algo que Jeff estava ansioso por fazer pela própria saúde mental.

Apoio incondicional é o que os metsters precisam mais do que qualquer coisa. Acho que eu também me expresso aqui pela maioria de nós quando menciono que a melhor maneira de nos apoiar incondicionalmente é nos escutar. Mesmo naqueles raros e dolorosos momentos em que nós nos abrirmos para você, basta passar por tal momento desconfortável com a gente. Não se preocupe em dizer nada. Nós não esperamos que você tenha respostas ou soluções. Só de você estar lá já é a coisa mais significativa no mundo.

Ouça nossos problemas, ouça nossas celebrações, ouça o que precisamos e ouça o que não precisamos. Então, sem julgar, dê-nos todo o amor que você puder demonstrar.

• *vinte e um anos* •

"Este aniversário é muito importante. Tome boas decisões e fique longe da prisão. Mas também espero que você saia, comemore e dance em alguma balada."

– Aniversário de 21 anos de Brianna.

"Examine. Trate. Repita."

Esse é um ditado comum que temos na comunidade do câncer em estágio iv. Adorável, não? Alguma parte do seu corpo é examinada – o cérebro, o fígado, os ossos – porque ela está doendo excruciantemente, e é submetida a um tratamento terrível, que pode ser pior do que o próprio câncer. Então, você repete tudo de novo, dias ou semanas mais tarde, quando alguma outra coisa começa a doer. É um círculo vicioso: física e psicologicamente esgotante. Mas aprendi a reduzir a tensão mental fazendo uma ligeira modificação nesse ditado:

"Examine. Faça alguma coisa muito divertida esta noite, como dançar em uma balada para ajudá-lo a esquecer que está morrendo. Trate. Repita".

Tenho orgulho de dizer que dancei em muitas baladas, principalmente na época anterior ao nascimento de Bri, quando era mais jovem, saudável e podia me dar ao luxo de ser um pouco menos responsável. Chacoalhei o esqueleto ao som de todos os tipos de música, nunca hesitando em me expressar. Minha amiga e eu até inventamos um passo de dança chamado "O Muro", que levou alguns minutos para ser aperfeiçoado e incluía uma jogada de cabelo perigosa, mas indispensável no fim do passo. Para a galera careca mundo afora, trata-se mais de balançar a cabeça e fazer o cérebro chacoalhar – um pouco mais arriscado, mas eu o tenho realizado com enorme sucesso. E se eu ouvir minha música "Ice Ice Baby", do Vanilla Ice, fique quieto e saia da minha frente. Eu boto tudo que tenho nessa melodia, fingindo que viajei no tempo de volta para 1990 e que estou dançando pelo meu quarto, escrevendo algumas batidas agradáveis. Talvez não tão agradáveis como Vanilla, mas o esforço está lá, o suficiente para que eu, pelo menos, recebesse alguns acenos de respeito. Como bônus adicional, ainda por cima, eu canto. Como disse, não conseguiria cantar direito nem se fosse para salvar a própria vida, o que pode ser a verdadeira razão de eu estar morrendo, mas isso nunca me impediu de fazê-lo e de me divertir pra burro.

Embora o câncer não permita que eu me remexa como costumava fazer, ainda saio e danço com Jeff ou minhas amigas quando posso, especialmente em dias de exame importantes e assustadores ou em que recebo más notícias sobre algum outro procedimento que deu errado. Minha reação, após receber resultados sombrios, costumava ser ficar em casa e chafurdar na autopiedade, preocupando-me com quais opções de tratamento os médicos me ofereceriam quando eu voltasse a vê-los na manhã seguinte (Opção A = Uma merda, Opção B = Uma merda pior ainda, Opção C = Seria melhor se a matássemos de uma vez). Mas, com o passar do tempo, dei um jeito de contornar esse pânico, percebendo que não importava o que eu fizesse depois de ser duramente confrontada com as más notícias, não iria mudar porcaria nenhuma o que eu teria de encarar no dia seguinte. Minha realidade continuaria lá quando eu acordasse, então, por que não sair e abrir um espacinho em meio ao sufoco para celebrar a vida e elevar o meu ânimo?

Vários anos atrás, minhas amigas e eu começamos a nos reunir mais ou menos todo mês para a Noite do Vinho. Coloquei em letras maiúsculas porque é uma tradição muito séria e extravagante. Quando o filme *Magic Mike* foi lançado, achamos que seria uma ideia brilhante alçar a Noite do Vinho a outro patamar, realizando-a junto ao filme (sim, isso exigiria que contrabandeássemos garrafas de vinho pequenas, que coubessem na bolsa, para dentro do cinema; você percebe como é séria e extravagante essa tradição?). Eu tinha a sensação de que o filme seria tão ruim que nós precisaríamos de mais do que guloseimas ou pipoca amanteigada para sobrevivermos a ele. No fim das contas, estávamos inteiramente certas sobre o filme. Graças à mágica do vinho, soltamos uma explosão de vaias para as péssimas atuações e "trama" e rimos como menininhas de doze anos toda vez que o Channing Tatum começava a dançar (perdão, mas essa esnobada do Oscar ainda dói). Decidimos ali mesmo que, se por acaso houvesse uma sequência, iríamos assistir a essa versão e o vinho seria necessário.

Avance três anos no tempo. *Magic Mike XXL* foi lançado, e estávamos bastante animadas com isso. Planejamos a noite com antecedência... mas, é claro, eu tinha uma consulta oncológica mais cedo no mesmo dia, na qual fui informada de que a minha químio, que parecia estar funcionando bem, não estava mais dando conta do serviço. Os médicos iriam discutir mais tarde naquele dia o que fariam a partir daí e teriam uma decisão para mim pela manhã do dia seguinte. Foi um golpe tão forte que eu temporariamente retornei à mentalidade de autopiedade.

– Você precisa sair esta noite – disse Jeff, depois de eu ter sugerido que talvez não o fizesse. – Você sabe que não há nada que você possa fazer a respeito disso. Nem os próprios médicos sabem ainda o que vão fazer. Vá se divertir um pouco.

Sabia que ele estava certo, e não foi necessário nada mais convincente do que isso. Às vezes, basta um bom puxão de orelha para me lembrar de que eu preciso viver, especialmente quando o câncer está tentando me forçar a parar de fazer isso.

Quando as meninas e eu chegamos ao cinema, cada uma com o próprio vinho, fizemos piada de como havíamos envelhecido nos três anos entre os filmes. No primeiro, nós nem achamos grande coisa entrarmos com vinho escondido do bilheteiro. Mas, desta vez, muitas de nós estavam terrivelmente preocupadas de ser apanhadas. Uma amiga colocou seu pequeno frasco de vinho por baixo da blusa, entre os seios, porque ficou com medo de alguém revistar sua bolsa. Outra levou duas pequenas garrafas e deu um jeito de embrulhá-las de forma que elas não se chocassem produzindo ruído. Uma terceira amiga escreveu um roteiro de desculpas que ela usaria se fosse pega. Sim, ela realmente fez isso. E, por último, as duas amigas que não tinham mudado nem um pouco e corajosamente contrabandearam garrafas inteiras de vinho – não apenas um feito impressionante, mas também inteligente, considerando quão horrível o filme era. Nós rimos sem parar durante toda a projeção dos absurdos que víamos na tela e nos divertimos a valer. Rodeada de vinho e amigas, minha crítica definitivamente seria "joinha" com as duas mãos.

Quando o filme acabou, saímos para comer alguma coisa, dançar e para um bate-papo de garotas. Uma amiga, para quem já havia contado sobre os resultados da minha consulta médica, perguntou se eu queria falar sobre isso. Não deixei que minhas aflições dominassem nossas conversas nem baixassem o astral, mas expus brevemente minhas frustrações, e me senti um milhão de vezes melhor depois de fazê-lo. Foi nessa conversa que uma das minhas amigas sugeriu começar outro rodízio no preparo de refeições, e Jeff, Bri e eu fomos bem alimentados todas as noites... pelos seis meses seguintes! Foi uma noite realmente incrível, que me fez lembrar o quanto eu era amada, não importava o quanto o câncer me odiava. Na manhã seguinte, voltei a lidar com a minha realidade, mas em um quadro mental muito positivo graças às lembranças de uma noite fantástica com as melhores amigas do mundo... e Channing Tatum.

Acho que a frase "é o que é" é usada em demasia, mas é a maneira exata para descrever o câncer estágio IV. O câncer no meu corpo é o que é e faz o que quer fazer. Eu não posso pará-lo. Eu não posso mudá-lo. Eu não posso controlá-lo. Mas uma coisa que ele não pode me impedir de fazer é rir, amar e ser amada, e celebrar a vida. E certamente não pode me impedir de dançar. Posso até ter dificuldades para saltitar no hip-hop como costumava fazer, mas se "Ice Ice Baby" tocar, você seria tolo de apostar contra mim.

• *chá de panela* •

"Este dia é todo dedicado a você. Simplesmente absorva o amor de todos à sua volta."

– Chá de panela de Brianna.

CALVÍCIE. Vem no pacote de ser uma paciente com câncer. Você pode tentar enganar-se e pensar que vai ser a única pessoa na história da quimioterapia que não perderá seu cabelo, mas aquela careca lustrosa que você não consegue parar de olhar no espelho, na janela do carro, no reflexo na água do lago, na colher do jantar, ou nos outros milhões de lugares nos quais você de repente percebe que não pode evitar de ver o seu reflexo vai trazer você de volta à realidade rapidinho.

Cresci com uma vasta e longa cabeleira castanha que era uma grande parte da minha identidade. Era difícil aceitar que ela começaria a cair em tufos e que, afora juntar as mechas e colá-las de volta na cabeça com supercola (ideia muito, muito, *muito* brevemente considerada), não havia nada que eu pudesse fazer a respeito.

A única boa notícia que recebi sobre a perda do meu cabelo foi a de que eu tinha tempo para me preparar para isso, cerca de três meses a partir do momento que fui diagnosticada. Isso me deu tempo suficiente para lamentar a sua morte iminente. Dei-lhe algumas lavadas extras, algumas escovadelas adicionais, protegi-o da chuva, conversei com ele. Ei, eu estava perdendo um amigo de toda a vida. Era algo importante para mim. Eu continuei a paparicá-lo várias vezes por dia até que acordei certa manhã e decidi de uma hora para a outra que o período de luto tinha acabado. Foi quando assumi o controle da situação como só uma organizada compulsiva obcecada por controle poderia fazer: tornei minha perda de cabelo uma festa fechada, um "chá de careca" para raspar minha cabeça.

Encontrei um salão que concordou em abrigar o evento. A data foi escolhida de acordo com a previsão dos médicos quanto ao começo das primeiras perdas. Convidei cerca de quinze pessoas, as quais sabia que preencheriam a festa de risos e amor, e a transformamos num almoço com muita comida gostosa, regada a vinho branco.

No caminho para o salão, passei no supermercado para comprar um bolo. Queria que Bri testemunhasse o evento, mas sem traumatizá-la. O psiquiatra sugeriu que nós a incluíssemos porque provavelmente seria muito chocante para ela ver a mãe chegar em casa careca – muito melhor para ela ver o desenrolar do processo, junto de seus entes queridos. Faz todo o sentido, mas eu não poderia fazê-lo sem um bolo. Bri ama bolos. Ela os ama de paixão. Não é como um doce qualquer. Doces, sorvetes, biscoitos: tudo isso ela curte normalmente. Mas bolo é a princesa em seu mundo dos doces. Acho que, se Bri tivesse de escolher entre viver com Jeff e eu ou viver com os bolos, ela no mínimo perguntaria que tipo de bolos antes de decidir. E então ela escolheria os bolos.

Quando cheguei ao híper, tudo o que a confeitaria tinha a oferecer era um bolo de abacaxi, com um rosto sorridente de chocolate ao centro. Não era exatamente o tipo de sabores que eu estava procurando, mas seria o suficiente. Quando fui pagá-lo, o caixa adolescente me perguntou se eu estava dando uma festa.

– Estou – respondi.

– Para quê? – ele perguntou. Como você provavelmente já descobriu a essa altura, se me fizer uma pergunta direta, eu lhe darei uma resposta direta. – Bem, estou passando por químio, porque tenho câncer, e estou prestes a perder meu cabelo. Então, decidi fazer um "chá de careca" para raspar a cabeça.

Ele olhou para mim, levando um momento para digerir o que eu disse. Prendi a respiração, desejando que sua resposta não fosse tão ignorante como as anteriores que eu tinha recebido depois de falar sem rodeios às pessoas sobre a minha doença.

– Isso é muito, muito legal! – ele disse com um sorriso combinando com o do bolo. – Fantástico. Parabéns.

Uau! A resposta perfeita! Foi um momento muito bom. Nem mesmo a maioria dos adultos consegue lidar com as minhas respostas francas. Sua reação não poderia ter sido melhor. Mas então ele percebeu o catéter ligado ao meu corpo, por onde a quimioterapia é administrada.

– Então... é por aí que eles tiram o câncer?

Waaah... waaah... waaaaaaah.

Ele devia ter pegado seu prêmio atrás da porta número um e ido para casa. Mas deixei passar. Educadamente, disse-lhe para o que aquilo servia e elogiei sua primeira resposta. Eu realmente a apreciei.

A festa não poderia ter sido mais divertida, considerando-se sua razão de ser. Primeiro, a cabeleireira penteou meu cabelo num rabo de cavalo e o cortou. *Ui!* O primeiro corte é mais difícil de se aceitar. Em seguida, ela cortou um pouco mais... e um pouco mais... e um pouco mais. Você não percebe o quanto cabelo tem até vê-lo cair sem vida no chão. Mas, levando-se em consideração que tive cabelo comprido por toda a minha vida, fiquei bastante surpresa por minha aparência estar tão legal enquanto a cabeleireira continuava a cortar. Quando ela o deixou curto o suficiente, sacou uma maquininha e terminou o trabalho. Embora os comentários hilários da moçada tenham tornado o evento suportável e até divertido, foi a expressão da minha amiga Morgan, a qual permaneceu sentada atrás de mim durante todo o tempo, que me provocou boas risadas.

Parecia que, quanto mais cabelo caía, mais seu sorriso se estendia.

– Estou até ficando com inveja – disse ela. – Não posso acreditar como você ficou tão bem assim.

O "chá de careca" é um exemplo de outra coisa que o câncer me ensinou: às vezes, preciso permitir que alguns dias girem apenas em torno de mim. Não estou falando daqueles dias de chafurdar em autopiedade trancada num quarto, mas dias em que sou o centro das atenções, regada pelo amor dos outros. Por mais que eu curta chacoalhar na pista de dança e sair para me divertir, nunca gostei quando as pessoas têm a atenção focada em mim (lembra da minha aflição de falar em público?). Mas há momentos em que eu simplesmente preciso liberar o controle e mergulhar no amor que os outros querem me dar para me ajudar a passar por essa doença.

Por causa desse amor, eu sinceramente não derramei uma única lágrima enquanto os meus cabelos de toda a vida iam sendo cortados. Ter tempo para me preparar para isso foi ótimo. Ter pessoas lá que me amavam me apoiando foi ainda melhor. Ainda por cima, tivemos vinho. E Bri também não derramou uma única lágrima. Na verdade, ela nem titubeou sobre meu novo visual. "Ele vai voltar a crescer, mamãe!", ela disse. Então, abocanhou uma boa fatia de bolo.

• *primeiro drinque* •

"Seu pai e eu sempre conversamos sobre como seria estranho, mas divertido, sairmos com você para beber quando tiver idade suficiente para isso. Perdoe-me por não estar aí quando isso acontecer. Tome uma vodca com energético por mim."

– O primeiro drinque de Brianna com o pai.

Num certo dia de verão, fui ao cemitério e fiz o último pagamento para o meu local de descanso final. Ao contrário da minha residência atual, sou proprietária da escritura para a minha morada eterna, totalmente quitada. Tudo o que falta é me mudar.

Visitei o meu "ponto", como me refiro carinhosamente ao jazigo algumas vezes. Se soa deprimente ou assustador, bem, eu posso entender. Mas estou bem com isso. Ver onde meus restos mortais ficarão pela eternidade é um choque de realidade para quando as coisas ficam difíceis, um bom lembrete de que ainda não estou lá e preciso continuar a extrair cada grama de alegria e felicidade da minha vida enquanto eu ainda não fui reduzida ao tamanho de uma urna.

Vou ser cremada, e vestida. É uma história engraçada: quando o cara da funerária me perguntou o que eu estaria usando para a cremação, fiquei chocada com a pergunta. Quero dizer, nós chegamos a este mundo nus, por que não sairíamos dele desse mesmo jeito? Parece tão errado queimar roupas bonitas. Mas ainda mais desconcertado ficou ele, por eu não saber que a grande maioria das pessoas está vestida durante a cremação.

– Seu corpo tem que ser transportado em um contêiner de cremação – disse ele, incrédulo. – Você certamente não sairia em público nua, não é?

Acho que nunca me ocorreu tratar-se de um negócio muito sério. Também me parecia um pouco estranho ele estar tão preocupado com roupas, considerando que, pela falta de regras, a cremação parecia ser o oposto disso. Por exemplo, os entes queridos geralmente são autorizados a jogar vários itens que serão cremados com o seu corpo, tais como fotos ou bichos de pelúcia. Talvez eu tenha descoberto uma maneira fácil de me livrar dos aparelhos eletrônicos antigos que temos e são tão difíceis de reciclar...

Então, um recado para quem planeja ser cremado, mas nunca pensou de fato a respeito: cremação pelado pode não ser uma opção. Vista alguma roupa. A única orientação que dei a Jeff foi para me vestir com o meu quentinho e confortável casaco de inverno novo em folha, caso eu morresse antes de ter a chance de estreá-lo.

Como ultrapassei esse marco quando tivemos a nossa primeira tempestade de neve da temporada, estou pensando em ir com um conjunto da Universidade de Wisconsin ou algo à Mötley Crüe.

O meu ponto de descanso final é um pouco não ortodoxo. É uma caixa de vidro transparente embutida em uma parede dentro de um mausoléu. A caixa é uma espécie de armário de troféus (insira aqui sua própria piada de "esposa-troféu" antes que Jeff o faça). Minhas cinzas serão colocadas em uma urna, que ficará exposta na caixa. Desse modo, quando alguém entrar no mausoléu, será capaz de ver a minha urna. Enquanto a maioria dos pontos na parede é de gavetas tradicionais nas quais um caixão desliza para dentro e para fora, minha caixa fica imóvel no canto inferior da parede. Eu me certifiquei de conseguir um ponto próximo à altura atual de Bri para que ela possa vê-la. Ela e Jeff poderão colocar coisas dentro da caixa junto à urna, como desenhos, mensagens ou fotografias. Há espaço lá dentro para talvez mais uma urna, caso alguém queira se juntar a mim um dia, embora eu jamais espere ter companhia. Presumo que Bri ficará com seu futuro marido, e Jeff sabe que eu não o quero lá – quero que ele encontre a felicidade com outra pessoa quando eu me for. Então, estou pensando que talvez um belo e brilhante capacete do Chicago Bears ficaria legal.

A maioria dos meus vizinhos já se mudou, e, com base no que seus entes queridos colocaram em suas caixas, eles são fãs dos Green Bay Packers. Não é nenhuma surpresa aqui no coração de Wisconsin, embora eles vão ter de tolerar viver para sempre ao lado de uma torcedora do Bears. Tá, eu sei. Como pode alguém que nasceu e cresceu em Wisconsin ser fã desse "outro" time? Simplesmente sou e sempre fui. Jeff, por outro lado, sangra verde e amarelo, e Bri escolheu ser uma fã dos Packers junto a ele, o que significa que a parte Bears do meu legado vai morrer comigo. Mas tudo bem. Prefiro que os dois façam parte do mesmo time, sempre e em todos os aspectos.

Embora compreenda que o dia em que minha urna for depositada na caixa possa ser uma ocasião triste, a cerimônia será qualquer coisa menos isso, se é que tenho algum poder de decisão a respeito do assunto – coisa que eu tenho. Como você já sabe, adoro uma boa festa. Misture a mulher engenhosa e organizada em mim com a garota festeira que está morrendo, e qual o resultado? Alguém que planeja todos os detalhes de seu próprio funeral para que Jeff não tenha de se preocupar com isso, e para ter certeza de que seja um momento de muita curtição para todos!

A funerária vai cuidar da cremação, mas não vai cuidar da cerimônia em si. A atmosfera das casas funerárias é muito tradicional e formal para o meu gosto. Foi isso o que me levou a fechar com o Olbrich Botanical Gardens. O Olbrich possui dezesseis acres de uma beleza deslumbrante no coração de Madison. Jeff e eu tiramos nossas fotos de noivado lá, e é um lugar especial para mim e Bri. Quando a levei até lá pela primeira vez, ela, imediatamente, apaixonou-se pelo lugar. Não é um parque ou um jardim todo extravagante que não serve para nada, projetado apenas para entreter as crianças. É um maravilhoso e relaxante passeio pela natureza, que preenche todos os seus sentidos. Não sei como Bri reconheceu o valor disso em tão tenra idade, num mundo onde parece que cada vez mais as crianças têm de ser constantemente entretidas por personagens coloridos ou pela mais recente tecnologia, mas ela reconheceu. É algo tão importante para nós que instalamos uma placa com os nossos nomes e os dizeres simples "AMAMOS ESTES JARDINS". Toda vez que Bri me pede que a leve até lá, eu paro o que estou fazendo para atender ao seu pedido.

Escolhi o Olbrich para a minha cerimônia por duas razões. A principal foi por causa de Bri. É um lugar do qual ela tem lembranças fantásticas do nosso tempo juntas, o que deve fazer com que ela se sinta confortável, e haverá muitos lugares para onde ela vai poder escapar durante a cerimônia com qualquer uma das minhas amigas, caso precise. A segunda foi um incentivo que eles ofereceram quando eu estava lá verificando o espaço usado para eventos privados. A mulher que estava me mostrando as instalações inclinou-se para mim e, com um sotaque britânico muito elegante, sussurrou as palavras que selaram o acordo: "Você também pode ter um bar". A festa estava garantida!

Planejar uma cerimônia de funeral é semelhante a planejar o seu casamento e recepção, se você pretende que seu último adeus seja festivo. Você praticamente só precisa entregar a sua planilha do planejamento do casamento para o organizador do funeral. Você precisa de um espaço, flores, comida, bebida, música. O Olbrich fornece um telão para exibir fotos em *loop* contínuo. Eles até pediram uma estimativa do número de convidados. Sério mesmo? Você vai perguntar para a mulher que está morrendo quantas pessoas ela espera que compareçam ao seu próprio funeral? Sinceramente, estou até pensando em criar uma página de eventos no Facebook para ver quem planeja dar um pulinho.

Previ que a minha festa dure algumas horas com um clima de *open house*. As pessoas podem entrar e sair quando quiserem. O único evento programado será uma breve reflexão que vai incluir uma leitura e algumas músicas. Do repertório apresentado, uma de minhas canções favoritas de todos os tempos: "Keg on My Coffin", de Chris Trapper. Se você ainda não a ouviu, definitivamente vale o seu tempo...

> *Put the keg on my coffin*
> *And think of me every so often*
> *Have a losers' day parade*

for all my friends
Drink up life like a river
till the pizza man delivers
And smile and know
I loved you till the end

Here's what you do when my time comes to pass
Charlie told me through the reflection
in his glass
Don't waste time praying
'cause I'm never coming back
Just throw a party in my name

Put the keg on my coffin
And think of me every so often
Have a losers' day parade
for all my friends
Drink up life like a river
till the pizza man delivers
And smile and know
I loved you till the end

Here's what to write
on the stone over my grave
His friends were earned,
and not a penny saved
Don't waste time crying

'cause you too are on your way
To meet me at the pawn shop in the sky

Put the keg on my coffin
And think of me every so often
Have a losers' day parade
for all my friends
Drink up life like a river
till the pizza man delivers
And smile and know
I loved you till the end

Smile and know
I loved you till the end
Smile and know
I loved you till the end

Sério, se a atmosfera for de tristeza e nem essa canção conseguir tornar o clima mais leve e descontraído, meus amigos vão precisar fazer bastante uso do bar. Tudo o que quero é que todos possam se divertir apreciando a companhia uns dos outros e trocando histórias sobre mim que façam a barriga doer de tanto rir. Nada de choro, a menos que seja de tanto rir. Ouvi muitas vezes as pessoas descreverem funerais como uma "celebração da vida", embora eu tenda a achar que se trata mais de teoria do que de prática. O clima geral normalmente é brochante, porque, afinal de contas, é um funeral. Mas quero que o meu seja verdadeiramente uma celebração da vida. Não só da minha vida, mas da vida daqueles que comparecerem. Colecionei momentos incríveis no meu breve tempo aqui, especialmente no último par de anos, graças aos muitos amigos maravilhosos que tenho. Quero que meu funeral seja um pretexto para eles ficarem juntos e dar continuidade a esses momentos incríveis uns com os outros.

Outra música que será tocada é "I Lived" do One-Republic. Eu a declarei como a minha canção oficial do funeral. Toda vez que eu a ouço, aumento o volume o máximo possível e me perco completamente nela. Quando as pessoas me perguntam como eu gostaria de ser lembrada na vida, respondo-lhes que ouçam essa música, e saberão.

Eu queria imprimir a letra de "I Lived", assim como fiz com "Keg on My Coffin", mas não consegui permissão para fazê-lo antes do prazo em que este livro precisava ser terminado (uma das raras vezes em que o meu cancercard platinum falhou). Mas tudo bem que eu não tenha conseguido, porque me deu uma ideia melhor: quando você terminar este capítulo, faça uma pausa de cinco minutos e quarenta e dois segundos e assista ao vídeo da música no YouTube. Eu prometo que será um dos mais incríveis vídeos de música a que você já assistiu, e irá inspirá-lo a atravessar suas dificuldades e viver sua vida ao máximo.

Quando Bri tiver idade suficiente para apreciar que estupenda canção é esta, espero que ela pense em mim cada vez que a ouvir, talvez até mesmo oferecendo um brinde à sua mãe. Eu fiz tudo e quero que ela um dia seja capaz de olhar para trás em sua vida e dizer que fez o mesmo.

(Agora vá ouvi-la, mas depois volte imediatamente. Você ainda tem três capítulos e um epílogo para ler.)

• dia do casamento •

"Você sempre chamou seu pai de 'o verdadeiro amor da mamãe'. Sou muito abençoada por tê-lo conhecido. A vida ficou infinitamente melhor depois disso, ter um melhor amigo com quem rir e compartilhar a vida. Encontrar o verdadeiro amor é algo muito raro e especial. Nem consigo expressar minha emoção por você ter encontrado o seu."

– Casamento de Brianna.

Cada par no amor tem uma história de como eles se juntaram. Muitas dessas histórias são fascinantes quando se considera como várias coisas aleatórias tiveram de se alinhar perfeitamente para que eles se encontrassem. A minha história com Jeff começou certo dia durante meu último ano na Universidade de Wisconsin. Ele vivia e trabalhava em Madison e estava em uma festa antes de um jogo dos Badgers. Eu estava no meu sofá, aconchegada e desligada de tudo, pronta para assistir a um documentário no canal vh1 sobre Tupac Shakur e Notorious b.i.g. Havia trabalhado o dia todo e estava exausta. Para mim, era tv e cama – até que uma amiga ligou e insistiu para que eu fosse a uma festa com ela.

– Estou muito cansada – eu disse. – Não esta noite. Eu tenho que trabalhar novamente amanhã.

— Mas você *precisa* ir comigo — ela implorou. — Não quero ir sozinha. Prometo que você vai se divertir.

Eu não estava nem um pouco empolgada, mas concordei em ir. E fiquei meio que contente de ir, ou o meu sobrenome não seria McManamy.

Jeff e eu nos conhecemos na festa. Você pode chamar de magia, amor à primeira vista, do que quiser. Definitivamente, houve alguma faísca de química entre mim e aquele cara bonito que vestia uma camiseta dos Badgers e boné do Texas Longhorns (seu segundo time universitário favorito). Acabamos deixando a festa com um grupo de pessoas e dirigimos aleatoriamente pela cidade durante toda a noite. Algumas vezes, durante a madrugada, eu disse a Jeff que eu precisava ir para casa porque tinha que trabalhar às 10h.

— Vamos continuar curtindo a noite — ele argumentou educadamente. — De qualquer forma, agora já está tarde demais para ir dormir. Você estaria mais cansada quando acordasse. Eu prometo que a levo para o trabalho às 10h.

Embora nós só nos conhecêssemos havia algumas horas, dei-lhe o benefício da dúvida que não tinha dado a muitos caras anteriormente, por confiar na sua palavra — e ele a cumpriu levando-me para o trabalho com tempo de sobra. *Hum*, pensei comigo mesma. *Um cavalheiro responsável, que realmente faz o que promete?* Mas, quando nos despedimos, houve um problema: ele não pediu o meu número de telefone. Isso me deixou muito perplexa: fiquei chateada por ele não ter pedido, mas também fiquei incomodada por estar chateada por ele não pedir.

Veja você, eu não tinha um namorado na época, porque não queria. Era o meu último ano de faculdade. Eu só queria me divertir e me formar. Nada de namorados. Nada de compromissos. Nada de distrações. Além disso, não queria correr o risco de perder uma chance de viajar ou uma oportunidade de emprego única na vida, após a formatura, por causa de um cara. Além do quê, havia saído com outros caras nos primeiros três anos de faculdade, e, depois de um mês ou dois com cada um, estava a ponto de estrangulá-los. E a culpa era principalmente minha, não deles. Ficava irritada com as mínimas bobagens que eles faziam. Se você fosse um cara e passasse manteiga no pãozinho durante o jantar, iria me irritar. Se tivesse de ir ao banheiro antes de sairmos do restaurante, iria me irritar. Eu era um personagem *Seinfeld* da vida real. Lembra o episódio em que Jerry terminou com uma mulher porque ela comeu as ervilhas uma de cada vez? Eu faria isso. Queria uma pausa de todos os relacionamentos durante o meu último ano de faculdade, mas Jeff bagunçou esse objetivo. Ele era bom. Encantador. Bonito. Eu queria estar com ele. Sim, eu já sabia disso tudo após uma única noite. E justo o cara por quem me senti assim em anos não tinha pedido o meu telefone?

Cerca de uma semana mais tarde, esbarrei com ele no centro da cidade, totalmente por acaso. Eu sabia que as estrelas não iriam ficar alinhadas para sempre, então lhe disse como me sentia.

– Por que você não me chamou para sair na semana passada? – confrontei.

– Bem... hesitei na hora porque pensei que você estava fora do meu alcance – confessou ele timidamente.

Ora, faça-me o favor. A atual campeã da liga "Sábado à noite em casa assistindo ao documentário Tupac/B.I.G." estava fora do seu alcance?

– Finalmente tomei coragem e pedi para a sua amiga o seu número no dia seguinte – continuou ele –, mas ela não quis me dar, porque disse que você não estava interessada em relacionamentos.

Touché.

– Bem, acho que a gente deveria sair – eu disse casualmente, não oferecendo nenhuma explicação para o que a minha amiga tinha lhe dito. Peguei seu celular, digitei o meu número e também, no lugar do nome, "Gatinha". Devolvi o aparelho para ele, a gente se despediu, e eu fiquei esperando ele me ligar... fiquei esperando ele ligar... fiquei esperando ele ligar. Lembre-se de que, naquela época, não havia redes sociais, então, eu não podia nem mesmo persegui-lo on-line. Eu não tinha escolha a não ser esperar e torcer. Como eu vim a descobrir depois, ele ligou para o número que eu coloquei em seu telefone, mas era o número errado. Aí, Heather, jogada brilhante! Simplesmente, brilhante! O número pertencia a um cara qualquer, e Jeff inicialmente se perguntou se eu estava vivendo com alguém ou se eu era tão malvadinha que tinha posto o número errado de propósito. Nenhuma das duas hipóteses era verdade, claro, e, felizmente, assim ele concluiu. Ele acabou ligando para a minha amiga outra vez, convenceu-a de que eu havia lhe dado meu número, mas que estava errado, e ela lhe deu o meu número correto. Ele finalmente me ligou, saímos várias vezes depois disso e, seis meses mais tarde, reconheci um avanço no meu nível de maturidade:

– Oh, meu Deus, eu não quero te estrangular! – eu comprovei. – Não acho nada em você irritante.

Sim, eu realmente disse isso a ele. Não é o mais lisonjeiro dos elogios, mas ele sabia das minhas experiências com os outros caras. O amor entre mim e Jeff estava lá, e nós dois o assumimos. Nosso relacionamento floresceu durante meu último ano de faculdade, namoramos por alguns anos depois disso, e nos casamos em 2006.

E se hoje você olhar no celular de Jeff, eu ainda estou lá como "Gatinha".

Em maio de 2016, vamos celebrar nosso décimo aniversário de casamento. Junto ao quinto aniversário de Bri, um mês antes, não há maior marco que eu queira alcançar. Mas Jeff e eu sabemos que isso pode não acontecer. Não há nada que possamos fazer a respeito, e isso me dói profundamente. Não é justo para nenhum de nós, especialmente para Jeff, que está sendo deixado para trás.

Meus oncologistas têm me dito repetidas vezes que esse câncer não é por minha culpa. Eu sei que não é. Meu corpo estava programado para ter esse destino, e nada poderia ter mudado isso. Ele esteve na oficina de reparos mais vezes do que posso contar, e tudo o que poderia ser feito para consertá-lo foi feito. Mas ainda me sinto culpada de estar fazendo isso a Jeff – e isso me machuca pra caramba. Tudo o que eu sempre quis em nosso relacionamento é que ele tivesse o máximo possível de felicidade e, agora, estou prestes a deixá-lo com o máximo possível de tristeza. Sei que finais como os de contos de fadas são raros. Droga, tenho notado que as mães morrem até mesmo em muitos dos clássicos da Disney a que assisti com Bri: *Bambi*, *O cão e a raposa*, *A Pequena Sereia*, *Procurando Nemo*, e o favorito de Bri, *Frozen*. Crianças e/ou cônjuges são deixados para trás, mergulhados em profunda tristeza. Os filmes, nesse sentido, são um verdadeiro reflexo da vida. Mas por que algumas pessoas vivem até os cem anos e outros não chegam a mais do que um dia? Por que alguém com uma doença consegue se curar, enquanto outra pessoa com a mesma doença, não? Por que as pessoas boas morrem antes das pessoas ruins?

Todos temos as nossas próprias crenças sobre a morte. Acabei por aceitar numa boa a aleatoriedade do universo. Se alguém estivesse um metro mais à direita, não teria sido atingido e morto por aquele carro. Se alguém tivesse saído de casa dez segundos antes, não estaria naquele acidente. Se a sua patologia tivesse sido ligeiramente diferente...

Mas também vejo muitas coisas impressionantes e surpreendentes que acontecem por causa dessa mesma aleatoriedade. E se o câncer houvesse invadido meu corpo ainda quando eu era adolescente e não tivesse vivido o suficiente para conhecer Jeff? E se eu não tivesse conhecido Jeff, Bri não estaria aqui. Tão frequentemente como eu denuncio a injustiça da minha situação, percebo como sou sortuda por ter tido os mais de trinta e seis anos maravilhosos que tive. Um monte de pessoas não chega perto dessa idade, nem chega a experimentar tudo o que vivi em minha vida.

Mas ainda dói pensar na agonia que Jeff vai sofrer quando eu me for e que meu câncer vai ser a causa dessa dor.

Eu, naturalmente, recebo a compaixão das pessoas quando descobrem que estou morrendo. E aprecio isso de verdade, mais do que posso expressar. Mas o fato é que o caminho mais fácil é o meu. Uma vez que eu tiver partido, acabou. É Jeff que terá de encontrar uma maneira de continuar caminhando em meio ao sofrimento emocional, criar Bri, e fazer tudo isso sem a sua alma gêmea. Tenho pensado muito ultimamente sobre como deve ser difícil para um viúvo ou viúva depois do funeral. Todo mundo vai para casa depois do serviço fúnebre, de volta às suas vidas normais, e o cônjuge em luto é que tem de tentar descobrir como viver depois de ter se acostumado a estar com a mesma pessoa, muitas vezes, o seu melhor amigo, por anos ou mesmo décadas. Essa é a realidade que está prestes a se abater sobre Jeff. Essa é a realidade com a qual eu tenho lutado.

Quando alguém morre, algumas pessoas gostam de enviar flores ou doar dinheiro para a família. Isso é sempre bem-vindo, e eu não diria a ninguém para não fazer isso pela minha família se for essa a vontade delas. Mas, para qualquer um que gostaria de fazer alguma coisa em minha memória que seja inusitada, pense em alguém que você sabe que é viúvo ou viúva – um pai, avô, irmão, vizinho, colega de trabalho. Em seguida, faça algo de bom para essa pessoa que a permita saber o quanto você está pensando nela. Não importa quanto tempo ela esteja sozinha, porque duvido que a dor de perder um cônjuge desapareça algum dia. Seu gesto pode representar apenas uma ou duas gotas no grande vazio do coração dessa pessoa, mas uma gota ou duas repetidas vezes, ou de muitas pessoas, podem somar. Leve esse alguém para almoçar, telefone e converse por alguns minutos, faça-lhe uma visita, ofereça para fazer algum conserto em sua casa, ou, como fiquei conhecida por fazer, envie-lhe um cartão com uma mensagem carinhosa escrita à mão.

Sim, um cartão sempre cai bem.

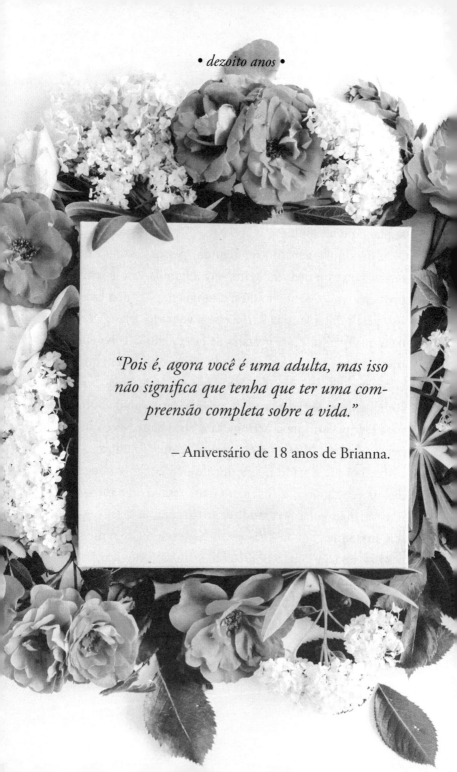

• *dezoito anos* •

"*Pois é, agora você é uma adulta, mas isso não significa que tenha que ter uma compreensão completa sobre a vida.*"

– Aniversário de 18 anos de Brianna.

17

Mais ou menos na mesma época em que descobri que meu câncer se espalhara para o fígado, a nossa golden retriever, Mitzie, morreu de câncer também. Ela era a nossa melhor amiga, cheia de amor incondicional. Doía-nos ter de dizer a Bri, com apenas 3 anos, que Mitzie havia partido. Pesquisei bastante e busquei a opinião de outros sobre como compartilhar uma notícia tão triste com uma criança tão pequena, e chegamos à conclusão de que a melhor maneira de fazermos isso era sermos o mais simples e diretos possível: dizer o que aconteceu de uma forma muito coerente e franca, deixá-la digerir a informação e ver como ela reagiria. E foi o que fizemos. Sentamos Bri no gramado e contamos que Mitzie tinha ficado doente e havia morrido, nós a cremamos, e seu corpo virou cinzas. Ela não ia mais voltar, e nós ainda amaríamos Mitzie mesmo após sua morte. Bri nos encarou, mexeu o lábio inferior um pouco, perguntou se ela poderia brincar em seu balanço, sorriu quando dissemos que sim, e saiu correndo.

Algumas semanas mais tarde, levei Bri para cortar o cabelo. A cabeleireira iniciou uma conversa com Bri perguntando se ela tinha algum animal de estimação.

Ai, ai, ai...

Meu coração bateu forte enquanto esperava nervosamente a resposta de Bri. Minha pesquisa não incluiu nada sobre a possibilidade de perguntas espontâneas de uma cabeleireira. Isso ia ser um bom teste.

– Eu tinha uma cachorra chamada Mitzie – disse Bri. – Mas ela morreu.

– Oh, sinto muito em saber disso! – respondeu a mulher.

– O corpo dela parou de funcionar, e ela nunca mais vai voltar – Bri continuou com autoridade.

A mulher olhou para mim, horrorizada.

– Então, Mitzie está no céu? – perguntou ela.

– Não – disse Bri. – O corpo dela virou pó, e ela está morta e nunca mais vai voltar.

Acho que é seguro afirmar que Bri lidou com a morte de Mitzie muito bem emocionalmente, e com a compreensão clara que tínhamos esperado.

Embora tenhamos contado a ela sobre Mitzie em termos francos, acredito que não há um método infalível

148

no que tange à maneira correta de lidar com situações como essa com crianças. Não há uma maneira certa ou uma maneira errada de fazê-lo. O que é certo para a minha filha pode não ser adequado para o seu filho. A idade da criança com certeza importa. Sua cultura importa. Adoraria se houvesse um conjunto de regras à prova de fogo, que funcionasse para todas as crianças de todas as idades e tipos de criação quando se trata de falar sobre a morte de um ente querido, mas não há.

Então, como vamos contar a uma menina de 4 anos que sua mãe está morrendo? Bem, nós ainda não contamos, mas aos poucos estamos chegando lá. Como mãe, tenho um compromisso principal: não morrer antes de minha criança crescer. É a coisa mais horrível, medonha e aterrorizante do mundo saber que não serei capaz de cumprir a minha parte nesse jogo e que nós, de alguma forma, temos que dizer a Bri que eu não posso. Mas, como sou uma planejadora, não seria surpresa o fato de que nós já temos um plano em ação para lidar com essa situação tão delicada. Depois de muito ler, conversar com viúvos e viúvas de amigos meus que morreram de câncer e consultas regulares com um psiquiatra infantil (algumas das quais incluíram Bri), tudo está se desenrolando no tempo devido. Nosso objetivo é fazer com que a minha morte não seja um corte abrupto para Bri, e sim uma transição o mais suave possível. Sabemos que uma transição perfeitamente suave não será possível, mas "o mais suave possível" é uma boa meta para se alcançar.

Não vamos abordá-la e simplesmente contar o que está acontecendo comigo, porque, na sua idade, ela provavelmente iria acordar todos os dias pensando que aquele seria o dia em que eu iria embora para sempre, e nós não queremos traumatizá-la. Até mesmo, dizer-lhe que isso pode acontecer em uma semana, um mês ou alguns meses provavelmente não fará muito sentido para ela; crianças vivem no momento presente e não têm o mesmo conceito de tempo que os adultos. A abordagem franca que utilizamos no caso de Mitzie não seria uma boa ideia nessa situação. O que estamos fazendo é deixar Bri guiar um monte de conversas, respondendo às suas perguntas e tentando não esconder muitos fatos dela. Introduzimos algumas questões mais tarde do que outras; mas, até agora, tudo está indo de acordo com o planejado.

Ela sabe que estou doente – isso não pode ser escondido, nem nós queremos esconder. Ela me vê tomar medicamentos, ela sabe que eu tenho que ir ao médico para tratamentos, ela sabe que eu não posso ficar dançando com ela tanto tempo como costumávamos ou que pode ser que eu não seja capaz de ir ao shopping porque o câncer me deixa muito cansada. Ver o meu lento declínio será melhor para ela do que esconder tudo e, em seguida, chocá-la um dia com a minha morte.

Quanto mais crescida vai ficando Bri, mais e mais perguntas ela tem sobre o câncer, e nós as respondemos francamente. Ela ainda não ligou os pontos para perguntar: "O que acontece se os médicos não conseguirem tirar o câncer?". As perguntas de uma criança de 4 anos geralmente vêm de forma aleatória e em rápida sucessão: "Mamãe, por que o céu é azul? Por que um carro é chamado de carro? Tem biscoito? Você vai morrer? Por que os cães latem?". Se ela finalmente somar dois e dois, nós iremos responder à pergunta da melhor e mais sincera maneira que pudermos, sem mortificá-la, como fizemos com todas as suas questões nos últimos dois anos.

Progredimos um pouco mais no outono passado, quando tive de me internar no hospital para fazer um procedimento. Precisei passar algumas noites lá; por isso, decidimos levar Bri ao hospital pela primeira vez. Nunca a expusemos àquele ambiente antes porque um hospital pode ser um lugar opressivo e assustador para uma criança. Mas, com muita preparação e uma equipe médica fantástica, conseguimos fazer disso uma experiência muito convidativa para ela. As enfermeiras a papaticaram. Realizamos festinhas de dança e cantamos. Assistimos ao *Clube do Mickey*. Lemos livros na cama. Antes de Bri ir para casa todas as noites, ela me dava uma de suas bonecas, para eu não ficar sozinha. Tudo o que acontece a mim como resultado do câncer normalmente é um choque para nós na primeira ou segunda vez, mas, por fim, torna-se um novo normal. Até certo ponto, normalizamos o hospital para Bri com essas visitas de novembro.

Cerca de um mês depois disso, consegui a minha própria cadeira de rodas, e Bri ficou numa alegria esfuziante! Na semana anterior, antes de eu estar com a cadeira, planejávamos ir ao shopping para ver o Papai Noel e fazer algumas compras, mas o meu corpo não estava cooperando. Enquanto eu fiquei em casa e tive um dos meus colapsos emocionais, porque eu não pude ir, Jeff e Bri foram ao shopping sozinhos. Então, quando Bri viu a nova cadeira de rodas na semana seguinte, ela não a viu como algo negativo; muito pelo contrário, na verdade. Ela a viu como "Agora você pode ir com a gente e fazer as coisas, mamãe!". Quando viajamos para Miami para um espetacular fim de semana graças às pessoas maravilhosas da Jack & Jill Late Stage Cancer Foundation, tive que usar uma cadeira de rodas nos aeroportos, por isso, quando a minha própria chegou lá em casa, Bri sabia o bem que a cadeira poderia me proporcionar. Eu acho que a cadeira tem sido uma bela lição para ela: não há problema em pedir ajuda quando você precisar, e quando você recebe essa ajuda, às vezes o seu dia e o dia daqueles ao seu redor pode se tornar um pouco mais feliz.

Uma coisa que não vamos fazer com Bri, e que também não fizemos quando Mitzie morreu, é dizer a ela que vou para o céu. Algumas pessoas podem se opor a isso, e eu entendo; não é um tema fácil de abordar. O que sentimos que precisamos considerar principalmente nesta questão, com a qual o nosso psiquiatra e viúvas e viúvos com filhos pequenos nos ajudaram imensamente, é como a mente de uma criança funciona. Quando se diz a uma criança pequena assim que a mamãe está em outro lugar, até mesmo no céu, a reação natural dessa criança é pensar que a mãe está escolhendo ficar lá, em vez de estar aqui com ela. Uma criança tão pequena como Bri não se sente necessariamente consolada com o pensamento de haver um céu da mesma forma que um adulto, porque ela pode ser muito pequena para entender. Assim, ela pensa de uma maneira "pão, pão; queijo, queijo: "Mamãe não está aqui, mamãe está em outro lugar, e, portanto, mamãe prefere estar lá a estar comigo". Ela também pode ter a falsa esperança de que, uma vez que a mamãe escolheu o céu em vez dela, mamãe pode mudar de ideia um dia e voltar. Se Bri fosse mais velha, nossa explicação poderia ser diferente. E, à medida que ela for crescendo e formando suas próprias crenças, Jeff certamente vai apoiá-la.

O que nós queremos que Bri entenda inequivocamente agora, com apenas 4 anos, é que, com a minha morte, o meu corpo irá parar de funcionar e eu já não sentirei mais dor. Também queremos que ela saiba que, quando eu já não estiver mais aqui, não haverá absolutamente nenhum outro lugar em que eu preferiria estar a não ser ao lado dela. A nossa mais profunda esperança é a de que, com uma combinação dessa explicação, de tudo o que temos revelado gradualmente para ela até agora sobre a minha condição, e do grupo de apoio incrível que ela terá ao seu redor, Bri seja capaz não apenas de "atravessar" psicologicamente a minha morte, mas também de florescer na vida, agora e no futuro. Eu não espero que ela algum dia seja capaz de descobrir o "porquê" no que diz respeito à minha passagem. É uma daquelas coisas na vida que nenhum de nós entende. Eu só quero que ela cresça com o consolo de saber que eu a amei demais, ainda a amo demais, e sempre vou amá-la demais, não importa onde eu estiver.

• *Ensino Médio* •

"*Não tenha medo de experimentar coisas novas. Mesmo que o que você queira fazer pareça loucura, vá em frente. Apenas tome cuidado, siga o seu coração e seja uma boa pessoa.*"

– Quando Brianna começar o Ensino Médio.

18

Sempre tive um medo saudável de tentar coisas novas, mas nunca permiti que isso me impedisse de fazê-las. Mesmo antes do câncer, eu era aventureira. Talvez não exatamente na mesma medida que tenho sido desde que fui diagnosticada como terminal, mas eu sempre acreditei que experimentar é viver. Veja este livro, por exemplo. Muitas pessoas na minha condição poderiam ter dito: "Eu estou morrendo. Como posso pensar em escrever um livro?". Mas o meu pensamento foi: "Eu estou morrendo. Por que não tentar escrever um livro?". Em vez de ficar sentindo pena de mim mesma enquanto o Diabo Vermelho está sendo administrado na minha veia, por que não usar esse tempo para registrar os meus sentimentos em relação a isso? Além do mais, a ideia de poder acrescentar "escritora" ao meu obituário e, claro, àquela pretensiosa página de realizações na revista dos ex-alunos da minha universidade é muito legal.

Eu provavelmente poderia escrever uns quatro ou cinco livros considerando todas as histórias que tenho sobre viver com câncer. Tem sempre algo novo a cada dia, às vezes a cada hora. Como o tempo é meio que um problema para mim, tive de me limitar a um livro, mas eu quero usar este capítulo para compartilhar algumas vinhetas, bonitas demais, engraçadas demais ou absurdas demais para serem deixadas de fora...

Bucky Badger

Taylor Mehlhaff, um amigo e ex-*kicker* dos Badgers, providenciou para que nós visitássemos o Camp Randall Stadium e conhecêssemos alguns dos jogadores de futebol americano. Bri estava muito animada para conhecer a mascote deles, Bucky, que ela tinha visto muitas vezes na TV. Quer dizer, ela estava superagitada com isso! Ela costumava ter medo de Bucky, mas disse que não tinha mais. Ela falou que iriam dançar o "Jump Around", uma referência à música que é tocada antes do quarto *quarter* de cada jogo disputado em casa. Ela estava a mil! Esse era o dia em que ela e Bucky iriam se tornar melhores amigos!

Mas, depois que chegamos ao estádio, enquanto aguardávamos do lado de fora dos vestiários do time, Bucky surgiu de trás de uma parede e...

Ai... meu... Deus.

Bucky deu um susto do caramba em Bri. Quando Bri fica nervosa, ela não grita ou chora. Ela tem um ataque de pânico. Seu corpo treme de forma incontrolável. Seus joelhos ficam travados. Seus dedos vão à boca. E suas palavras tornam-se uma palavra enorme: "OiBuckyOiBuckyTenhoQueIrEmboraTenhoQueIr -EmboraOiBuckyTchauBuckyTenhoQueIrEmbora...", E ela finalmente foi embora, correndo para a sala de troféus mais próxima e batendo a porta atrás dela – a mesma sala de troféus onde, apenas alguns minutos antes, ela havia dito à equipe "Vocês estão precisando de mais troféus". Para fazê-la sair, tive de convencê-la de que os seguranças haviam retirado Bucky do estádio pelo restante do dia.

Felizmente, o dia ficou melhor – muito melhor. Nós caminhamos pelo campo, fomos até os vestiários e a sala de lazer dos jogadores e conhecemos os treinadores e jogadores. A quantidade de tempo que cada um deles despendeu conosco foi pra lá de generosa. Os jogadores convidaram Bri a juntar-se a eles em um *huddle* ensaiado e verdadeiramente tornaram-na sua amiga. Ela deu um abraço em cada um deles e fez questão de lhes dizer que ela toma sua vitamina dos Flintstones todos os dias para que possa crescer e ser saudável e forte como eles. Cerca de uma semana depois, eu fiquei encantada quando ela recebeu um cartão desses mesmos jogadores dizendo que eles iam tentar ganhar mais troféus e deixar as mascotes dos outros times tristes. Eu também recebi uma carta dos jogadores dizendo o quanto a minha condição e atitude positiva ensinou-os a aproveitar cada momento no campo de jogo e apreciar as oportunidades que eles têm. Senti que a minha presença teve um impacto quando eles viram Jeff e eu lendo uma placa afixada em seu vestiário que diz "Cada dia conta". Eles sabiam o que essa placa representava para mim, o que deu um significado totalmente novo para eles. Foi um dia incrível para um monte de gente. E também estou feliz em dizer que Bri é novamente uma fã de Bucky... na TV.

"Vc esta derramando ikva incriveç"

O fentanil é como a morfina, só que uma porrada mais forte. Eu o chamo de "meu suquinho feliz", uma medicação que administro para a sedação consciente antes de um procedimento. Ele consegue mesmo fazer eu me sentir incrivelmente feliz. Mas ocorre um problema (bem, para Jeff é um problema, não para mim): quando ele está sendo administrado, tudo o que eu quero fazer é enviar mensagens de texto. Tornou-se um hábito. É só o fentanil entrar, e a minha mão instantaneamente "corre" para o celular. Jeff sempre tenta tirar o telefone de mim, mas eu me recuso a lhe entregar. Por alguma razão, estar no hospital, enquanto recebo o fentanil, é uma das raras vezes em que me sinto, de fato, uma paciente com câncer (esquisito, não?). Tenho a impressão de que ficar presa ao meu telefone, firmando uma conexão com o mundo exterior, é uma maneira de me agarrar ao meu normal. Sim, até mesmo quando apago e deixo cair o telefone na minha cara. Repetidamente. Levo, pelo menos, quinze minutos para digitar e enviar cada mensagem. E tudo o que Jeff pode fazer é observar penosamente, esperando a bateria do telefone se acabar. Insisto que não há problema em fazer isso porque eu sempre presumo (incorretamente) que a autocorreção vai me ajudar. Quando cochilo e Jeff tenta tirar o telefone de mim rapidamente, acordo de súbito e o apanho de volta. Ralho com ele, se necessário. Minhas amigas já se acostumaram com essas mensagens e podem reconhecê-las quando estimuladas pelo fentanil. Esta foi uma das minhas breves, mas lendárias conversas de mensagens de texto movidas a fentanil:

> **Eu:** "A cara não pode ler."
> **Eu:** "O tal Dave fez o poi b8id que fez a minha biópsia inicial do núcleo nerrir. Eu vin vou garrafa"
> **Amiga:** "Começa tudo de novo. Eu não consigo ler conversa de fentanil!!!!"

Eu: "RasparSeu Arlo"
Eu: "Vc e PIB r sao ovelha eu Eita"
Eu: "Vc esta derramando ikva incriveç"
Amiga: "Obrigada."

Se você está morrendo e algum dia tiver que tomar fentanil, recomendo que fique com o seu telefone na mão. Jeff e outros diriam que isso é o antônimo do conselho que eu deveria dar, mas lembre-se de que o riso – que o fentanil e eu inofensivamente proporcionamos a muitas de minhas amigas – é sempre o melhor remédio. Se você *não está* morrendo e tiver que tomar o fentanil, pode querer abster-se de mandar mensagens de texto, uma vez que, provavelmente, não vai querer enviar mensagens sem nexo para o seu chefe ou outra pessoa importante. Mesmo que tal ideia possa ser muito engraçada.

Rompimento ruim?

Tenho sensibilidade e hesito sobre contar às pessoas que sou terminal, porque sei que nem todos podem lidar com isso. Eu raramente revelo minha condição durante encontros do dia a dia a menos que alguém pergunte… ou me pressione tanto que não me deixe escolha senão lhe revelar.

Uma noite, eu estava em um bar com minha amiga Kate (aquela que disse que eu era péssima em observação de nuvens) quando "I Lived" começou a tocar. Sentada num bar no fim da noite, e a música do meu funeral toca? Não é uma boa mistura, especialmente quando se tratava do mesmo dia em que descobri que a minha atual medicação quimioterápica não estava mais funcionando e que eu estava um passo mais próxima do meu funeral. Olhei para Kate com os olhos cheios de lágrimas, dei de ombros em desespero como se dissesse: "Não há nada que alguém possa fazer agora para melhorar isso" e fui me recompor no banheiro como faria qualquer pessoa adulta.

Kate permaneceu à mesa. Era bem tarde, e apenas um grupo de estudantes universitários permanecia por lá. Eles estavam perambulando, lançando uns olhares desajeitados para Kate, metade deles provavelmente discutindo se deveriam flertar com ela e a outra metade querendo saber mais sobre sua amiga com os olhos marejados. Por fim, o silêncio foi quebrado desastradamente quando uma garota acenou na direção de Kate e perguntou:

– Rompimento ruim da sua amiga?

– Não – Kate disse, francamente. – Câncer terminal em estágio IV. Ela está morrendo.

Olha só, um dos privilégios de se ter um amigo com câncer terminal é que você pode se divertir um pouco usando o cancercard platinum de vez em quando. A garota e seus amigos a encararam em atônito silêncio. Quando voltei e me sentei, eles correram direto para a porta sem falar nada. Não sei se acharam que o câncer era contagioso ou se simplesmente não sabiam o que dizer. Isso aconteceu numa época em que calhou de eu estar com cabelo e parecer saudável, provavelmente tornando a revelação de Kate ainda mais chocante para eles. Não havia nada de errado em a garota perguntar a Kate se eu estava chateada por causa de um rompimento – ela pode ter ficado preocupada realmente ou, mais provável, no mínimo estava puxando conversa. Mas, talvez, haja uma boa lição nisso: não presuma que você conhece a história de alguém, e não pergunte se você acha que pode não conseguir lidar com a verdade.

Em outra ocasião, eu estava tendo um dia horrível, sentindo-me fisicamente um trapo após a quimioterapia, quando percebi que minhas lentes de contato descartáveis haviam se acabado. Fui a uma loja de uma rede local que pôde me atender no mesmo instante. Expliquei que a minha receita era a mesma, que precisava de um exame rápido, e que queria seja lá quantas lentes de contato o meu seguro cobrisse.

Quando chegou a hora de pagar, eles me disseram que o seguro cobriria as lentes de contato para o equivalente a seis meses. Perfeito. Disse-lhes que iria levar. Mas eles se recusaram a me ouvir, insistindo que eu levasse o equivalente a um ano. Fui incrivelmente educada, ainda mais se levarmos em conta como eu estava passando mal. Disse-lhes repetidas vezes: "Não, obrigada.

Só preciso do estoque de seis meses, por favor". Sei que eles tinham um trabalho a fazer, mas ninguém quis me ouvir... e então o negócio começou a ficar pessoal.

– Mas não é uma decisão inteligente – disse a mulher. – Você está jogando dinheiro fora não levando lentes para pelo menos um ano. Deixe-me explicar novamente. Você está pagando *mais*. Jim, vem cá. Veja o que ela quer fazer. Não é uma escolha inteligente, não é? Ela está desperdiçando dinheiro.

Foi aí que surtei.

– Olha – disse-lhe com um sorriso gigante. – Sou doente terminal. Eu estarei morta daqui a um ano. É sério. E eu tenho certeza absoluta de que *não* preciso de lentes de contato quando estiver morta. Por favor, me dê a quantidade que o seguro cobre para que eu possa ir para casa.

Houve um silêncio constrangedor bastaaaaante longo. Eles não disseram mais nem uma única palavra, entregaram-me as lentes, e fui embora. Fiquei incomodada pelo que disse durante todo o trajeto para casa. Nunca tinha feito isso com alguém por me sentir frustrada. Senti-me culpada. Mas, com o passar do tempo, vim a adotar a atitude de "Você quer perguntar ou não me ouvir? Esteja preparado para a minha resposta". Às vezes, você *deve* aceitar um "não" como resposta. Não acho que até mesmo o melhor vendedor do mundo conseguiria vender lentes de contato para uma pessoa morta. E, só para registrar, ainda tenho quase uma caixa dessas lentes sobrando. Um dos meus últimos objetivos na vida é não usar um par a mais do que comprei naquele dia.

Outra rápida história de bar

Uma das minhas amigas mais queridas, Jen, muitas vezes tem me acompanhado durante as minhas sessões de quimioterapia. Na época anterior ao câncer, quando saíamos para beber, dávamos uma voltinha pelo bar quando pegávamos nossa primeira bebida. Sabe como é, para sentir o local, dar uma olhada na clientela, ver se havia um bom lugar para fazer o "O Muro". Depois de algumas vezes me acompanhando na quimioterapia, percebemos que velhos hábitos custam a morrer – Jen e eu ainda damos a voltinha! Pegamos as nossas bebidas, eu apanho o meu suporte de soro, e damos uma circulada social para averiguar o que está rolando e ver quem está por ali. Imaginando isso agora, está explicado por que, desde que o suporte de soro juntou-se a nós, eles começaram a nos sentar numa seção bem, mas beeeem, lá atrás...

E uma rápida história de careca

É mais uma observação do que uma história, eu acho. A primeira vez que você está careca e sai na chuva no verão, tira o chapéu e, lentamente, passeia sob o pé-d'água sem uma preocupação sequer é um dos momentos mais gloriosos que você irá experimentar. Vem logo antes da primeira vez em que você começa a sentir novamente o vento soprando no seu cabelo quando ele começa a crescer de novo. Mesmo se você for naturalmente careca, experimente na próxima vez que chover. Você vai sentir o que quero dizer.

Feliz Aniverçãodegranatal Ano-Novo!

Na semana da Ação de Graças do ano passado, duas amigas me levaram para a minha primeira experiência com radiação paliativa espinhal para metástases ósseas, uma maneira elegante de dizer "Nós não podemos consertar a quantidade gigantesca de câncer nos seus ossos que está causando sua dor implacável, mas talvez possamos fazer doer um pouco menos depois de fazer doer muito mais por uma semana ou duas". Quando chegamos em casa, eu estava exausta, enjoada e com dores terríveis. Determinada a celebrar todas as grandes datas de uma vez (apenas por precaução), tivemos bolo, suco de uva espumante, cantamos canções, apagamos velinhas, fizemos a contagem regressiva do Ano-Novo e comemoramos o Natal, tudo isso enquanto eu estava imobilizada e debaixo de um cobertor em minha poltrona. Elas então recriaram uma cena de um dos meus seriados favoritos, *Friday Night Lights*, vestidas a caráter. Nunca ri tanto na minha vida. A cada gargalhada eu via estrelas, mas era uma dor que eu estava mais do que feliz de suportar.

Em vez de me deixarem em casa e saírem correndo porta afora com muito medo de verem os efeitos colaterais da radiação, elas ficaram lá para me fazer sorrir e rir, e para nos divertirmos, como amigas normais costumam fazer. Estávamos sendo bobas de uma maneira que nunca seríamos se eu não estivesse nessa condição. Foi tão incrível... Estas são duas das muitas amigas em que eu confio para ajudarem Jeff a criar Bri. Agora você percebe por que eu não estou preocupada?

Spanx de braço

Quando se tem linfonodos removidos, tem-se maior risco de desenvolver linfedema. Isso significa que os seus braços podem inchar absurdamente, talvez para sempre. Retiraram de mim treze linfonodos (apenas um deu positivo para cerca de um milímetro de câncer, mas eles "tiraram tudo logo", porque descobriram no início, e uma vez que eu era "relativamente magra" e meus gânglios linfáticos eram bastante aglutinados, eles tiraram fora um monte, porque, bem, melhor prevenir do que remediar, certo?). Por terem tirado tantos, o fluido não circula como deveria. Normalmente, há uma compensação e tudo fica bem. Mas, às vezes, infecções, picadas de insetos ou, por uma razão qualquer estranha, voar de avião podem desencadear linfedema. Com um monte de fisioterapia isso pode ir embora, mas ainda assim é uma grande porcaria.

Então, eu tenho uma manga de compressão de braço que eu uso quando voo. Eu estava lutando com ela no banheiro do aeroporto, a caminho da Disney, quando notei uma mulher com aparência muito feminina, de vinte e poucos anos, olhando para mim. Eu não sabia o que ela ia dizer, mas fiquei com medo de ser algo que iria me obrigar a revelar meu diagnóstico terminal. Eu estava preparando mentalmente uma resposta.

– Hum… com licença? Isso que você está vestindo é uma Spanx de braço? – perguntou ela.

– Como disse? – essa era novidade.

– Sabe? Cinta Spanx, mas para o braço? – esclareceu ela. – Porque deixe-me lhe dizer uma coisa, querida, seus braços ficam *muito bem* nessa blusa. Você com certeza não precisa de Spanx!

Levei um segundo, mas percebi que ela pensou que eu estava colocando a manga porque eu achava que meus braços pareciam gordos na minha blusa. Eu ri e expliquei o que era.

– Oh, ok, isso faz sentido – ela respondeu gentilmente. – Porque você está em ótima forma!

Que elogio maravilhoso e inesperado de uma estranha. Muitas vezes as pessoas não têm ideia do que um elogio aleatório pode fazer por alguém, com câncer ou não, mesmo quando isso requer dizer a expressão "Spanx de braço".

O que é isso?

Fiz cirurgia reconstrutiva após a minha mastectomia dupla, mas, ao ser diagnosticada como estágio IV, decidi parar com procedimentos eletivos. Eu estou bem com as minhas cicatrizes, mas não tinha certeza de como Bri reagiria quando ela percebesse o quão diferente o meu corpo era se comparado com o dela. Até que eu pudesse pensar direito nas palavras certas para lhe explicar, decidi que seria discreta durante o banho ou quando mudasse de roupa com ela por perto.

Mas um dia, no banheiro, ela me pegou.

– Mamãe! O que é isso? – ela gritou horrorizada.

Eu estava passando desodorante e não percebi que a minha toalha tinha escorregado parcialmente. Claro, eu entrei em pânico. Eu não estava preparada! Era hora! O grande momento havia chegado! Eu ia ter que ser uma supermãe e conseguir dizer a coisa perfeita de alguma forma! Mas eu congelei. Então, eu tentei enrolar. Puxei a toalha para cima e perguntei o que ela queria dizer.

– *Isso*, Mamãe! *Isso*! O que é *isso*? Por que você está com isso?

Ela estava completamente enojada. Mas... não era para as minhas cicatrizes que ela apontava. Ela estava apontando para o desodorante em bastão! Ela nunca o havia percebido quando eu o passava. Eu me certifiquei se era do desodorante que ela perguntava. Quando ela confirmou com a cabeça, eu respondi à sua pergunta.

– Isso é nojento – ela disse calmamente e saiu do banheiro.

Isso provou, mais uma vez, como as crianças são resilientes. Ela não percebeu as cicatrizes enormes no meu peito ou o fato de que eu não tinha mamilos. Assim como quando eu estava careca, tudo o que ela via era a sua mãe... o que é uma coisa muito bonita.

• *esperança* •

"Às vezes, vai parecer que as coisas não estão bem nem nunca ficarão, mas o próprio fato de você estar aqui para vivenciar essas coisas que não estão bem é o bastante para se apegar a um pouquinho de esperança. Às vezes, coisas ruins acabam terminando muito bem no fim das contas. Em meio a toda a merda com que tive de lidar, sempre encontrei raiozinhos de esperança. Leve o tempo que precisar para encontrá-los."

– Um cartão de esperança.

Epílogo

MEUS COMPANHEIROS METSTERS têm me dito repetidas vezes que minha única fraqueza desde que fui diagnosticada como terminal foi me permitir me agarrar à esperança. Concordo que tenho esperança, mas nego que seja uma fraqueza. Sem esperança, eu não estaria tão feliz como estou hoje. Sem esperança, eu não riria como eu rio. Sem esperança, eu não estabeleceria pequenas metas de viver tempo suficiente para ver o próximo nascer do sol, o próximo feriado, o próximo aniversário, o próximo episódio de meu seriado favorito. Ter esperança não significa que eu esteja negando o estado em que estou. Eu sei onde eu estou com o câncer. Eu sei que ele vai levar minha vida em breve. Mas, sem o desejo e a vontade de encontrar alguma esperança em algum lugar todos os dias, mesmo durante as situações mais amargas, a vida não é nada.

Esperança para mim é expor o meu corpo ao inferno de um tratamento brutal atrás do outro com a ideia de que este pode ser aquele que me ajudará a ver Bri começar o jardim de infância. A maioria dos pais da minha idade sonha em ver os filhos irem para a faculdade ou ter netos. Quanto a mim? A vida não pode ser melhor do que ficar parada no corredor de material escolar no outono, observando Bri numa dúvida cruel sobre qual marca de canetinhas hidrográficas escolher. Outras mães estão revirando os olhos de impaciência por cima dos seus cafés da Starbucks, tentando entreter o bebê chorando no carrinho, que não parece ser nada mais do que uma distração no momento, enquanto grita para o mais velho se apressar e escolher logo porque isso não importa. Mas importa! Eu me lembro de como eu fiquei orgulhosa do meu primeiro material escolar, guardando-o e voltando a tirá-lo da minha mochila nova. Muitas vezes me pergunto quantos outros pais podem entender a beleza desse momento. Como invejo que eles possam experimentar isso todos os anos, e como tenho vontade de sacudi-los e de lhes dizer para apreciarem cada segundo, porque pode desaparecer num piscar de olhos.

Esperança para mim é ter força de vontade no momento em que as coisas não estão bem, porque, mesmo assim, pelo menos eu ainda estou *aqui* para elas não estarem bem. Talvez eu esteja numa mesa de procedimento suportando um tipo de dor que eu nem sequer tenho palavras para descrever, porque este procedimento pode ser a última cartada que eu tenha para conseguir entregar a Bri o maior buquê de flores no final do seu recital de dança este ano. Enquanto ainda houver coisas terríveis para minha equipe de saúde fazer comigo, há esperança. E então eu visto a minha camiseta "Eu ainda não morri", levanto o queixo e me agarro a esse raiozinho de esperança.

Esperança para mim é Brianna. De nossa viagem mágica para Disney às "Segundas-feiras da Mamãe", da nossa empolgação pelo futebol americano dos Badgers a simplesmente nos aconchegar e termos nossas festinhas de dança em casa, cada momento tem sido estimado. Eu não amo nada como amo ser mãe de Brianna e realmente acredito que o riso e o amor que compartilhamos vai viver para sempre. Isso tudo ainda está aqui, e eu sempre, sempre terei orgulho dela. Brianna, se você fechar os olhos quando eu me for, vai me sentir bem do seu ladinho. E se esses cartões que escrevi para você forem capazes de lhe fornecer a mínima quantidade de esperança que seja, de consolo e de prova do meu amor eterno, a minha missão terá sido cumprida. Eu não me importo se você abrir todos os cartões de uma só vez; se eles a fizerem feliz nesse momento, então serei a mãe mais feliz do mundo.

Esperança para mim é Jeff. Tenho sido tão incrivelmente sortuda por passar mais de uma década com o amor da minha vida e meu melhor amigo. Amor verdadeiro e almas gêmeas existem. Todos os dias têm sido cheios de risos e amor com Jeff ao meu lado. Ele é realmente o melhor marido do universo. Mesmo nos piores dias que você puder imaginar, nós encontramos uma maneira de rir juntos. O tempo é o bem mais precioso neste mundo, e ter compartilhado minha vida por tanto tempo com Jeff é algo pelo qual sou extremamente grata. E que vida magnífica tivemos. De pé, envolta em seus braços, observando Brianna crescer, sabendo que cada momento maravilhoso seria coberto por outro, porque a nossa menina nunca deixou de nos surpreender. Não, nunca nos conformamos por saber que esses momentos estavam contados, mas por sermos tão claramente conscientes disso, vivemos com uma apreciação que muito poucos podem entender.

Esperança para mim é toda a minha família. Eu vim a descobrir que família inclui todos aqueles que eu amo, não importa quem eles são, quando nos conhecemos, ou se nós compartilhamos laços de sangue… Eles fizeram a minha vida repleta de felicidade, alegria e amor. Eles me ajudaram a me agarrar a esses momentos de esperança quando para mim parecia demasiado difícil o simples existir e funcionar. Eles me ajudaram a me agarrar a esses raiozinhos de esperança, não importa quanto eles parecessem tristes ou pequenos na época (engraçado como as maiores catástrofes muitas vezes podem se transformar nas maiores bênçãos, razão pela qual a esperança nunca é uma coisa boba). A próxima vez que algum de vocês abrir uma garrafa de vinho para tomar ao pôr do sol, por favor, pense em mim e sorria.

Esperança para mim é ser feliz. Eu odeio fazer as pessoas tristes, por isso, não pensem em mim com pena ou tristeza. Sorriam, amigos, sabendo que nós curtimos a valer e que o nosso tempo juntos tem sido notável. Por favor, riam até seus rostos doerem com as lembranças que criamos e com a diversão que tivemos, e contem histórias para Bri, para que ela sempre saiba o quanto eu a amo e como eu não queria nada mais do que estar aqui com ela... *nada*. E nunca digam que eu fui derrotada pelo câncer. O câncer pode ter levado o meu corpo, mas nunca levou o nosso amor, riso, esperança, ou alegria. Não foi uma "batalha", foi apenas a vida, que muitas vezes é brutal e aleatoriamente injusta; que simplesmente é assim que as coisas são às vezes. Eu não perdi. A maneira como vivi durante anos com câncer é algo que eu considero uma vitória bem grande.

Esperança para mim é comemorar com risos. Se você assistir ao meu funeral, por favor, beba todas por mim. E em algum ponto haverá música e dança. Celebre a beleza da vida, porque você sabe que é o que eu quero. E eu acredito que, de um jeito estranho, eu vou estar lá também – você sabe como eu odeio perder a diversão! Saiba que eu quero que você vista o que o fizer feliz (sim, senhoras, estou falando daqueles sapatos absurdamente bonitos que vocês sabem que nunca terão outra ocasião para usar) e diga o que quiser sobre mim que vá fazer as pessoas rirem. O serviço fúnebre deve ser uma celebração da vida para todos nós. Torne-o exatamente isso.

Esperança são aqueles que ajudam. Como Mr. Rogers disse uma vez: "Procure pelos solidários. Você sempre vai encontrar pessoas dispostas a ajudar". O auxílio dessas pessoas se manifesta de muitas formas espetaculares, dando esperança não só à nossa família, mas também à sociedade em geral. O fato de que tantos amigos, conhecidos e até mesmo estranhos reservem alguns momentos de suas vidas ocupadas para pensar sobre o apoio à nossa família é inacreditável. E não apenas apoio financeiro, o que realmente ajuda, mas o tempo para simplesmente compartilhar uma gentil mensagem de esperança ou amor.

Logo depois de meu oncologista gentilmente me dizer que eu estaria celebrando minha última Ação de Graças com a minha família, Jennifer – a proprietária do Angelic Angles Photography, que capturou cada marco importante de nossa família ao longo da última década, incluindo o nosso noivado e casamento, o nascimento de Brianna, feriados e aniversários – deu uma passada lá em casa para deixar algo para nós...

Era uma pilha de cartões.

Sem que eu soubesse na época, Jennifer havia realizado um levantamento de fundos em outubro durante dois dias. Os pais poderiam levar os filhos para uma sessão de fotos gratuita com fantasias do Dia das Bruxas, e o dinheiro de quaisquer cópias extras que as famílias adquirissem seria doado como dinheiro ou como vale-presentes para sessões de fotos para a família de um metster. Os cartões que ela me trouxe eram vale-presentes para uma sessão de fotos em todos os momentos especiais possíveis na vida de Brianna: primeiro dia no jardim de infância, quinto aniversário, sexto aniversário, a propósito de qualquer coisa, primeira escola de dança, saída com o papai, debutante, Natal, retratos depois de adulta…

Seu presente me tirou o fôlego. Os vale-presentes combinam com várias das ocasiões dos cartões que eu tinha escrito para Brianna. Eu desabei sobre o balcão da cozinha dominada pela emoção, enquanto eu olhava cada um. Não poderia sequer começar a descrever o que eu estava sentindo. Quando a minha história dos cartões viralizou, recebi mensagens de milhares de pessoas que perderam entes queridos muito cedo. Eles compartilharam belas histórias pessoais de quanto um simples cartão de seu ente querido falecido teria significado para eles. Alguns disseram que receberam cartões como esses e explicaram como esses cartões lhes trouxeram um nível de consolação que nunca poderia ser replicado. Agora, por meio da extrema generosidade de Jennifer, eu tive um gostinho de como Brianna poderá se sentir quando Jeff entregar a ela o primeiro cartão depois que eu partir, e quando ela descobrir que há uma pilha deles esperando por ela pelo resto de sua vida. Pense nas emoções complexas que experimentei preenchendo os cartões para Brianna: era a coisa certa a fazer? Seria demais para ela lidar? Muito perturbador? Estes vale-presentes de Jennifer e as emoções que senti quando os recebi de suas mãos confirmaram para mim que fiz a escolha certa.

Eu tive uma vida incrível, com zero arrependimentos. Ter câncer é terrível, mas tenho que lhe dar crédito por abrir meus olhos a tantas oportunidades incríveis – oportunidades que sempre estiveram lá, mas que eu não aproveitei antes do câncer, porque não vivia cada dia como se fosse o meu último. Não espere ter câncer ou alguma outra doença ou circunstância devastadora para forçá-lo a encontrar sua esperança. Encontre-a agora. Busque raiozinhos de esperança em tudo o que fizer. Minha esperança maior e fonte de todos esses preciosos raiozinhos foi a minha família. Eu fui verdadeiramente abençoada por ter sido capaz de compartilhar catorze anos com o amor da minha vida e mais de quatro anos e meio com a minha linda e saudável filha.

Agora que você está terminando este livro, por favor, faça-me um favor: deixe o livro de lado e tome alguns minutos agora mesmo para festejar a aventura dessa frágil montanha-russa chamada vida. Como? Faça algo que o faça feliz de verdade. Faça algo que você sempre quis fazer, mas nunca tentou. Dê um abraço inesperado em alguém. Vá ver o pôr do sol. Ligue ou mande uma mensagem de texto para alguém com quem você não fala há algum tempo. Faça as pazes com as pessoas. Viva. Ria. Ame. Muito. E então, depois de fazer seja lá o que você decidir fazer, crie o hábito de todos os dias continuar a festejar a vida de alguma forma. Apenas alguns minutos por dia. Acredite, você verá e sentirá a diferença em sua vida.

Esteja você prestes a morrer com a idade de 36, 66 ou 96, a vida sempre lhe parecerá muito curta se você não vivê-la de fato. Encontre a sua esperança. E nunca se esqueça de que cada dia conta.

• *formatura* •

"Foi necessário muito trabalho duro para chegar até aqui. Estou orgulhosa do que você conquistou."

– Formatura de Brianna.

Agradecimentos

Obrigada aos inúmeros amigos e familiares que nos deram as mãos e ajudaram a transformar esses últimos e terríveis anos de nossas jovens vidas nos mais alegres e belos. Seu apoio incondicional e amor genuíno nos fizeram atravessar os mais assustadores dias, ajudando-nos a perceber que não importa o que aconteça, tudo ficará bem. E obrigada pelos risos, pelo amor e pelas lembranças que nos mantêm sorrindo nos momentos em que isso não parece ser possível.

Obrigada, William Croyle, por perseguir-me da forma mais profissional possível e dar vida a um dos meus sonhos. Eu nunca poderia ter imaginado que passaria os meus últimos meses focada em um projeto tão belo e significativo. Do início ao fim, esta tem sido uma das empreitadas mais divertidas, gratificantes e agradáveis nas quais eu já tive o prazer de trabalhar. Poder formar uma parceria com você tem sido um absoluto deleite (apesar de seu gosto em times de futebol americano). Você de fato é um escritor talentoso, e minha família sempre irá valorizar o trabalho duro que você teve para contar a história de nossa família de forma tão genuína e honesta. Acima de tudo, obrigada pelas risadas.

Obrigada à minha incrível equipe de saúde que lutou por mim para que eu pudesse viver cada minuto possível nesta terra com a minha família. Não duvido nem por um segundo que recebi o melhor cuidado do mundo. Tenho realmente muita sorte por não ter nenhum arrependimento em relação ao tratamento. As pessoas me chamam de inspiração. Eu simplesmente apareci por lá e concordei em deixá-los fazer coisas em mim. Obrigada por lutarem em meu benefício. *Vocês* são os verdadeiros heróis.

Obrigada a Ronald Goldfarb e Gerrie Sturman, da Goldfarb e Associados; Anna Michels, Liz Kelsch, Valerie Pierce e Sara Hartman-Seeskin, da Sourcebooks; e Nichole Stewart e Delia Berrigan Fakis, da Hallmark. Nem todo mundo acreditou neste projeto, mas todos vocês o fizeram desde o primeiro dia. Minha família e eu somos eternamente gratos a vocês e a todos aqueles que trabalharam nos bastidores para fazer este projeto ser concretizado.

Obrigada aos nossos amigos e familiares por participarem do desenvolvimento do manuscrito, ajudando-nos a prepará-lo e lapidá-lo para publicação: Jeff McManamy, Morgan McCoy, Jen Dickman, Debra Croyle, Judy Jakyma e Lisa Kovach. Seus sábios conselhos foram inestimáveis para tornar isso um sucesso.

E obrigada a todas as pessoas em toda a América e ao redor do mundo que me mandaram mensagens, me marcaram, me deram *likes*, me adicionaram como amiga, me cutucaram, me seguiram, comentaram e tudo o mais que vocês podem fazer para se conectar com alguém por meio das mídias sociais. Vocês não fazem ideia do quanto o seu amor e apoio me fizeram seguir em frente através de muitos dias difíceis. Por favor, nunca parem de estender a mão às pessoas que possam precisar de um pouco de estímulo. Um gesto amável, por menor que seja, pode fazer toda a diferença.

Recursos

Muitas pessoas do mundo todo têm me apoiado de várias formas no decorrer dos meus diagnósticos e tratamentos. Eis algumas organizações que têm sido particularmente importantes para mim:

Gilda's Club: a missão do Gilda's Club em Madison é "garantir que todas as pessoas afetadas pelo câncer sejam capacitadas pelo conhecimento, fortalecidas pela ação e apoiadas pela comunidade". O Gilda's Club possui filiais em todo o país.

Website: www.gildasclubmadison.org.

Jack & Jill Late Stage Cancer Foundation: a missão da fundação "é tratar as famílias por meio de WOW! Experiences®, proporcionando às crianças que perderão sua mãe ou seu pai para o câncer um tempo para criar memórias indispensáveis de família… enquanto ainda podem".

Website: www.jajf.org.

METAvivor: a organização "é dedicada à luta específica de mulheres e homens que vivem com câncer da mama metastático em estágio IV. À época da fundação da METAvivor, nenhuma organização dedicava-se a levantar fundos para o financiamento de pesquisas sobre a doença, e não havia grupos de pacientes falando sobre a escassez de pesquisas do câncer em estágio IV. Embora cada vez mais pessoas se ergam para clamar por mais pesquisas de estágio IV, a METAvivor continua a ser a única organização nos Estados Unidos dedicada a premiar anualmente pesquisas do câncer de mama em estágio IV.

Website: www.metavivor.org.

Sobre os autores

Heather McManamy

Depois de ser diagnosticada com câncer de mama terminal em 2014, Heather aposentou-se como especialista em pesquisa para se dedicar a condensar memórias que valeriam uma vida inteira nos seus últimos dias com sua família. Entre inúmeras consultas de oncologia e tratamentos de quimioterapia, Heather desfrutou de festinhas de dança na sala de estar com Brianna, torcendo pelos Badgers, rindo no sofá com Jeff, postando sobre suas experiências com o câncer em mídias sociais, bebendo uma taça de vinho e trabalhando em projetos para garantir que Brianna sempre se lembre de como sua mamãe a amava. Até seu último suspiro, Heather continuou a curtir cada momento incrível com sua família e amigos maravilhosos.

Heather escreveu *Para depois que eu partir* em apenas quarenta e nove dias. No quinquagésimo dia, horas depois de ter entregue o manuscrito à editora, ela faleceu serenamente com Jeff ao seu lado. Por meio de *Para depois que eu partir*, o amor, a energia e a essência de Heather ainda estão aqui, crescendo mais e mais a cada dia.

WILLIAM CROYLE

William Croyle é natural de Cleveland, Ohio, e formado pela Universidade de Ashland. Ele foi jornalista do *Cincinnati Enquirer* por dez anos antes de se tornar escritor em tempo integral de livros inspiracionais. Também é o coautor de *I Choose to Be Happy: A School Shooting Survivor's Triumph Over Tragedy*, com Missy Jenkins Smith; *Angel in the Rubble: The Miraculous Rescue of 9/11's Last Survivor*, com Genelle Guzman-McMillan; *Finding Peace Amid the Chaos: My Escape from Depression and Suicide*, com Tanya Brown; *Expect the Unexpected: Bringing Peace, Healing, and Hope from the Other Side*, com Bill Philipps; e *The Doctor Will See You Now: Recognizing and Treating Endometriosis*, com o Dr. Tamer Seckin.

William vive em Erlanger, Kentucky, com esposa, Debra, e os três filhos. Mais informações sobre seus livros estão disponíveis em www.williamcroyle.com.

190

"Keg on My Coffin" é uma canção de autoria de Chris Trapper. A letra foi reproduzida na versão original com a permissão da Always Gone Music (SESAC).

Esta obra é um livro de memórias, que reúne as recordações pontuais da autora durante um período determinado. Para fins da publicação original, informa-se que alguns nomes e descrições foram alterados, eventos foram suprimidos e diálogos foram recriados.

Todos os nomes de marcas e produtos citados neste livro são registrados sob patente ou têm seus direitos reservados junto à respectiva marca. Nem a Sourcebooks, Inc. nem a Universo dos Livros estão associadas a nenhum produto ou comércio aqui mencionados.

TIPOGRAFIA	GARAMOND
PAPEL DE MIOLO	OFFSET 70g/m^2
PAPEL DE CAPA	COUCHE 250g/m^2
IMPRESSÃO	IMPRENSA DA FÉ